Stevia!

Gina Martin-Williams

Stevia!

Leichte Rezepte: frisch, fruchtig und superschlank

kneipp verlag

Bildnachweis: stockfood/Alena Hrbková: Coverbild, Seite 40
iStockphoto.com: Seite 17, 18, 69, 89 / Peter Barci: Seite 31, 35, 39, 45,
47, 49, 54, 59, 63, 64, 73, 74, 79, 83, 86, 93, 97, 100, Umschlagrückseite
fotolia.de: Seite 105, 121 / Autorenfoto beigestellt

Impressum:
© Kneipp-Verlag GmbH und Co KG, Lobkowitzplatz 1, A-1010 Wien
www.kneippverlag.com, www.facebook.com/KneippVerlagWien

ISBN: 978-3-7088-0563-4

Autorin: Gina Martin-Williams
Lektorat: Mag. Waltraud Wetzlmair-Zechner
Umschlaggestaltung: Christian Graf-Simpson
Grafik: Silvia Wahrstätter, www.buchgestaltung.at
Druck: Theiss GmbH, A-9431 St. Stefan
Printed in Austria

1. Auflage, März 2013

Inhalt

Torten & Muffins

Desserts & Eis

Süße Hauptspeisen

Vorwort

Stevia – seit Dezember 2011 von der EU als Lebensmittel erlaubt – ist für figurbewusste Naschkatzen ein Geschenk, denn es ist so gut wie kalorienfrei und hilft beim Abnehmen und Gewichthalten, führt zu keiner Erhöhung des Blutzuckerspiegels, zu keinem rasanten Abfall desselben (der durch Zucker ausgelöst wird) und folglich auch zu keinen Heißhungerattacken. Die immer wieder vorgebrachten Argumente, Zucker sei durch Stevia nicht zu ersetzen, sind aus meiner Erfahrung nicht mehr haltbar. Zudem muss Stevia den Zucker ja nicht ersetzen. Darüber hinaus kann jeder selbst entscheiden, ob er der Stevia-Süße eine Chance gibt. Leider sind noch viele Menschen aufgrund der immer wieder verbreiteten negativen Schlagzeilen verunsichert. Es ist wirklich schade, denn mit Stevia zu backen, hat so viele Vorteile.

Natürlich schmecken meine Süßspeisen anders als herkömmliche. Es lag und liegt nicht in meinem Interesse, meine Kuchen einem Normgeschmack anzupassen. Ich möchte ganz einfach eine „neue" Art der Süßspeisen ins Bewusstsein bringen. Vollkornmehl und die Reduzierung von Fett sollten die Voraussetzungen sein, wenn Sie Gewicht verlieren möchten. Bei gleichen Rezepten ist auch ein geschmacklicher Unterschied zwischen Weißmehl und Vollkornmehl bemerkbar.

Ich weiß, dass es anfangs Schwierigkeiten geben kann, da uns seit unserer Kindheit der Zuckergeschmack geprägt hat. Mir selbst schmeckt Zucker inzwischen zu intensiv. Wenn ich Schokolade gelegentlich aus Gewohnheit zu mir genommen habe, brannte meine Zunge. Ich rate Ihnen aber auf keinen Fall (außer aus gesundheitlichen Gründen), ganz auf Zucker zu verzichten, wenn Sie Lust darauf haben. Das würde auf Dauer – wie man inzwischen weiß – nicht funktionieren. Ist es Ihr Wunsch, den Zucker durch Stevia zu ersetzen, dann lassen Sie sich Zeit, um Ihre Geschmacksnerven an die neue

Süße zu gewöhnen. Wenn Sie regelmäßig mit Stevia backen, verschwindet meiner Erfahrung nach das Verlangen nach Zucker.

Da Rezepte mit Weißmehl und Zucker auch meistens sehr fetthaltig sind und wenig Nährstoffe enthalten, entsteht durch diese Unausgewogenheit das Verlangen nach Nachschub. Man kann einfach nicht aufhören, das Sättigungsgefühl tritt nicht ein. Danach entsteht ein Verlangen nach Würzigem (Wurst, Käse, Salzgebäck ...) und es geht wieder von vorne los. Ein Teufelskreis, der Ihnen sicher vertraut ist. Mit Stevia zu süßen, hilft Ihnen, im Laufe der Zeit Ihre Grundernährung komplett zu verändern und Ihr Körpergewicht auf Dauer zu halten. Gewichtsschwankungen gehören dann der Vergangenheit an und Sie können auch stets die gleiche Kleidergröße tragen. In meinem Modegeschäft habe ich die Erfahrung gemacht, dass der Großteil der Frauen mindestens zwei Kleidergrößen im Schrank hatte.

Einige Rezepte wurden für Menschen entwickelt, die wegen Unverträglichkeiten, bei Allergien oder auch aus Überzeugung in ihrer Ernährung eingeschränkt sind. Deshalb beinhaltet mein Buch vegane Rezepte sowie Rezepte ohne Milch und ohne Ei. Alle Rezepte sind mit Vollkornprodukten schnell zuzubereiten und versüßen Ihr Leben ohne Reue.

Viel Spaß und gutes Gelingen mit der Stevia-Süße wünscht Ihnen

Gina Martin-Williams

Meine persönliche Essensgeschichte

Ich habe lange überlegt, ob persönliche Erlebnisse in einem Backbuch angebracht sind. Übergewicht, Diabetes, Cholesterin ... und die damit in Verbindung gebrachten Krankheiten sind aber als Themen nach wie vor hochaktuell. Da die Entstehung dieser Krankheiten auch in Zusammenhang mit dem Verzehr von Süßspeisen steht, habe ich mich entschlossen, über die Erfahrungen, die ich damit gemacht habe, zu schreiben: wie die Umstellung von Zucker auf Stevia meine Essgewohnheiten geändert und mein Gewicht reduziert hat und wie ich der Zuckerfalle ohne Gefühl des Verzichtes entkommen bin. Es würde mich freuen, wenn ich Sie durch meine persönlichen Erlebnisse und Erfahrungen dazu inspirieren kann, einen Weg zur Schlankheit zu finden oder Ihr Gewicht zu halten.

Ich war des Kämpfens, der Unzahl von Regeln, Vorschriften und Diäten müde geworden. Zu oft bin ich daran gescheitert. Zeitweise fiel ich über meinen Körper her wie eine Rotte von Barbaren, versuchte im Gegenzug mein Übergewicht zu verdrängen und schönzureden, aber mein Körper schlug unbarmherzig zurück.

Wie alles begann ...

12 Jahre wuchs ich als „Einzelkind", bevor meine Schwester geboren wurde, im Burgenland (Österreich) auf. Ernährung hatte schon in meiner Kindheit eine gewisse Bedeutung, weil ich sehr heikel war. Meine Mutter verwöhnte mich kulinarisch, ich bekam meine Lieblingsspeisen serviert und dazu gehörten regelmäßig Nachspeisen. Mein Gewicht bewegte sich als junge Erwachsene um die 56 kg – bei einer Größe von 1,70 m.

Zum ersten Mal war ich in meiner Schwangerschaft (im Alter von 25) mit Übergewicht konfrontiert, als ich 30 Kilo zunahm und mir die Hälfte davon nach der Geburt meines Kindes erhalten blieb. Aufgrund meiner Berufstätigkeit gab es kaum warme und regelmäßige Mahlzeiten und an den Wochenenden aßen wir meistens in einer Pizzeria. Nach einiger Zeit erreichte ich zwar wieder mein Normalgewicht, aber an meinen Essgewohnheiten hatte ich nichts geändert – und ein Weg der regelmäßigen Diäten begann. Ab diesem Zeitpunkt verlor ich mein natürliches Essverhalten.

Mit 30 Jahren eröffnete ich mein Damenmodengeschäft und eine schlanke Figur mit einer Konfektionsgröße 38 war in diesem Metier Voraussetzung. Das fiel mir nicht schwer, denn ich war meistens gestresst und unter Zeitdruck. Mein Sohn wurde tagsüber von meiner Mutter versorgt und so kam ich gelegentlich auch noch in den Genuss meiner Lieblingsspeisen.

Es gab oft Einladungen zu Geschäftsessen, wo ich meistens zu viel aß, sodass am folgenden Tag meine Kleidung zu eng saß. Darauf folgte dann einfach eine Diät. Dieses unkontrollierte Essen – Fasten – Essen – Fasten brachte zwar kurzfristigen Erfolg – ich war ja immer noch schlank, obwohl ich von Mal zu Mal etwas mehr wog. Die Folgen dieser Ernährungsweise blieben aber nicht aus.

Durch „dick und dünn"

Den Kampf mit meinem Körpergewicht habe ich endgültig verloren, als ich mein Geschäft nach elf Jahren auflöste und ein neuer Lebensabschnitt begann. Plötzlich hatte ich Zeit. Es war nicht ganz klar, wie es in meinem Leben weitergehen sollte – ich stand im emotionalen Nichts. Diese vorübergehende Leere empfand ich als sehr bitter und versüßte sie mit Unmengen von Naschereien, Weißmehlprodukten und Fertiggerichten. Da ich finanziell eingeschränkt war, beschränkte sich mein Kaufverhalten auf Aktionen. Mein Essverhalten richtete sich nach den Preisen und die wenigen natürlichen Essbedürfnisse, die noch vorhanden waren, verschwanden komplett. Ich nahm in vier Jahren 30 Kilo zu – von Kleidergröße 38 auf 48. Ich war 45. All das ging sehr langsam, mein Verdrängungsmechanismus funktionierte tadellos, ich wollte meine Situation nicht wahrhaben. Ich versuchte, mit meiner Kleidung meine überzähligen Kilos trickreich zu kaschieren und redete mir ein, dass es schon nicht so schlimm sei. Allerdings konnte ich mich zu keiner weiteren Diät überwinden. Ich war am Ende meiner Kräfte angelangt und sah keine Möglichkeit, meiner Misere zu entkommen. Ständig müde und ausgelaugt, war ich mit Ausreden sehr erfinderisch und machte mir vor, dass ich doch eh nur wenig essen würde. Es war eben einfacher, keine Verantwortung für meine Gewichtszunahme und mein Aussehen zu übernehmen.

Mit großer Willenskraft rappelte ich mich aber doch noch einmal auf und startete meine allerletzte Diät. Der Grund: Ich stand vor meiner zweiten Eheschließung und wollte bei der Hochzeit – in meinem Hochzeitskleid – natürlich gut aussehen. Drei Monate hatte ich Zeit und der schnellste Weg waren zehn Tage Heilfasten mit einer Nulldiät in einem Kurhaus. Zum ersten Mal nach 4 Jahren stellte ich mich auf die Waage, die 95 Kilo anzeigte, und war wie gelähmt. So dick war ich mir nie vorgekommen. Ich hatte es stets erfolgreich vermieden, mich ohne Kleidung im Spiegel zu betrachten. Ich bekam rasendes Herzklopfen und Schweißausbrüche: Vor dieser Erkenntnis war ich jahrelang davongelaufen. Ich schaffte es, bis zu meiner Hochzeit insgesamt noch 12 Kilo abzunehmen. Mein Glück aber war nur von kurzer Dauer, der Zeiger auf der Waage schnellte nämlich ebenso unverschämt rasch wieder hinauf.

In den folgenden vier Jahren klebte mein Übergewicht an mir wie Pech und ich achtete penibel darauf, dass es nicht mehr wurde. Es gelang mir dennoch nicht, diesem Teufelskreis (mit täglichen Naschereien) zu entkommen. Schweren Herzens ergab ich mich meinem Schicksal, akzeptierte, dass meine schlanken Zeiten wohl endgültig vorbei waren und gab alle Diäten auf. Was ich meinem Körper zugemutet hatte, war totaler Raubbau. Beim Essen hielt ich mich zurück, so gut ich eben konnte. Bei Veranstaltungen, die ich besuchte, und Einladungen, die ich annahm, überkamen mich immer wieder starke Minderwertigkeitsgefühle, besonders wenn mich Bekannte längere Zeit nicht gesehen hatten: Ich konnte mein Gewicht förmlich an ihren Blicken ablesen. Meistens hatte ich große Hemmungen, mir vom Buffet etwas zu nehmen oder in der Öffentlichkeit etwas zu essen, obwohl ich hungrig war. Kennen Sie dieses Gefühl?

Glück im Unglück

Als ich im Jahr 2005 mit starken Bauchschmerzen ins Krankenhaus musste und zu hohe Blutzuckerwerte diagnostiziert bekam, die mit meinem Übergewicht in Verbindung gebracht wurden, fühlte ich mich zuerst gar nicht angesprochen, erlitt aber einen Schock, der tief greifende Wirkungen hatte. Da ich keine große Befürworterin von Medikamenten bin, war es höchste Zeit, aus den alten Gewohnheiten auszusteigen.

Weißmehl und Zucker wurden vom Speiseplan verbannt und durch Vollkornprodukte ersetzt. Schon nach drei Wochen hatte ich 4 Kilo abgenommen und mein Blutzucker war nur noch leicht erhöht. Durch Zufall sah mein Mann einen Fernsehbericht über die Pflanze Stevia, und wir recherchierten im Internet, was es mit dieser Pflanze auf sich hat.

Zunächst probierte ich in einem Kuchen, den Zucker einfach durch Stevia zu ersetzen, aber ich hatte keine Ahnung von der richtigen Dosierung. Meine Familie hat den Kuchen zwar gegessen, aber begeistert war sie nicht – und um ehrlich zu sein, ich war es auch nicht. Er hatte diesen typischen Lakritzengeschmack, von dem immer wieder die Rede ist, und schmeckte leicht bitter. Diese Stevia-Produkte sind leider noch immer im Handel erhältlich. (Genaueres finden Sie auf Seite 125.) Ich fühlte mich aber veranlasst, auf diesem Weg weiterzumachen.

Ich fand nach intensiver Suche ein besseres Stevia-Produkt und die damit zubereiteten Kuchen wurden langsam auch genießbar. Ganz auf Zucker zu verzichten, schaffte ich (noch) nicht, deshalb aß ich noch in Maßen Mehlspeisen, Schokolade oder Eis (der Verzicht auf Eiscreme war am schwierigsten). Die Mahlzeiten bereitete ich täglich frisch zu, und beim Kauf der Lebensmittel las ich vorher sorgfältig die Inhaltsangaben. Dadurch wurde einiges vom Speiseplan gestrichen. Ich nahm drei Mahlzeiten am Tag zu mir und ein halbes Jahr keinen Zucker. Mein Gewicht reduzierte sich im ersten Jahr um ca. zehn Kilo und meine Blutzuckerwerte bewegten sich im Normalbereich.

Zu dieser Zeit fand ich auch das optimale Stevia-Produkt – ohne Bittergeschmack. Und ich zerbrach mir den Kopf über ein Kuchenrezept, das kein Fett und wenig Kalorien enthielt. Meine ersten gelungenen Kuchen waren fettfrei. Da sie immer besser schmeckten, riet mein Mann mir, die Rezepte aufzuschreiben. Kunden, Freunde und Bekannte konnten keinen geschmacklichen Unterschied zu herkömmlichen Rezepten mehr wahrnehmen und hatten keine Ahnung, dass in meinen Mehlspeisen kein Zucker enthalten war. Stevia reduzierte mein Verlangen nach Süßem und mein Zuckerkonsum ging drastisch zurück. Jährlich reduzierte sich mein Gewicht um bis zu vier Kilo.

Durch die Zuckerreduzierung wurden meine Geschmacksnerven sensibilisiert, industriell verarbeitete Nahrung wurde für mich deshalb zunehmend ungenießbar. Alles, was ich vorher mit Genuss zu mir nahm, schmeckte plötzlich nicht mehr (Fleisch, Wurst, Käse, Milch …). Immer seltener konnte ich in einem Restaurant essen, weil ich in den Gerichten die Konservierungsstoffe und Geschmacksverstärker wahrnahm. Das Dessert, das ich manchmal aus Gewohnheit bestellte, empfand ich als viel zu süß, und nach einiger Zeit ließ ich es ganz bleiben. Mit neu gewonnener Freude ließ ich meiner Kreativität freien Lauf und meine Ernährung und mein Gewicht waren im ständigen Wandel. Anfang 2012 hatte ich mein ursprüngliches Gewicht wieder erreicht, mein natürliches Essverhalten kehrte zurück und das Verlangen nach Zucker verschwand schlussendlich wie von selbst.

Wie schon erwähnt: Wenn es Ihnen längerfristig gelingt, den Zucker durch Stevia zu ersetzen, wird sich Ihre gesamte Ernährung verändern und Gewichtsschwankungen verschwinden aus Ihrem Leben.

Zeit spielte dabei aber eine wesentliche Rolle. Acht Jahre war ich nicht imstande, mein Gewicht zu reduzieren. Erst als ich statt Zucker Stevia verwendete, geschah so etwas wie ein kleines Wunder für mich. Es dauerte zwar etwas länger, bis ich mein Ausgangsgewicht wieder erreicht hatte, aber die Gewichtsprobleme verschwanden und meine Lebensfreude kehrte zurück.

Stevia hat inzwischen einen festen Platz in meiner Küche eingenommen und ist zu einem Grundnahrungsmittel geworden. Industriell verarbeitete Produkte wurden im Lauf der Zeit durch hochwertige und frisch zubereitete Speisen ersetzt. Durch die Sensibilisierung meiner Geschmacksnerven empfinde ich Obst und Gemüse süß genug, sodass kein Verlangen nach einer Nachspeise mehr vorhanden ist.

Die Hypothese, auch Stevia verlange nach immer mehr Süßem, kann ich durch meine siebenjährige Erfahrung nicht bestätigen. Es trat eher das Gegenteil ein.

Durch den (Zucker-)Schock gab ich meine alten Gewohnheiten auf, lernte Ausdauer und Geduld kennen, vertraute meiner Intuition und konnte mir selbst helfen. Inzwischen kann ich keine tierischen Produkte mehr essen, bis auf wenige Ausnahmen. Für übergewichtige Menschen habe ich dennoch großes Verständnis. Meinem Körper selbst bin ich dankbar, dass mein Stoffwechsel bei diesen Mengen an Zucker und Fett immer mitgespielt und funktioniert hat.

Wissenswertes zum Süßen mit Stevia

Nach der lang ersehnten Zulassung von Stevia als Lebensmittel ist noch immer vieles unklar. Die meisten Konsumentinnen und Konsumenten sind mit der Vielfalt an Stevia-Produkten und deren Intensität an Süße überfordert, deshalb hält sich die Freude über dieses Produkt bei ihnen in Grenzen.

Stevia ist nicht gleich Stevia. Diese Erfahrungen haben einige meiner Leserinnen und Leser gemacht und wurden „bitter" enttäuscht, denn im Handel werden **verschiedene Produkte** angeboten. Deshalb empfehle ich Ihnen, bei dem Produkt zu bleiben, das Ihnen am besten entspricht.

Im Folgenden finden Sie einen Überblick über die unterschiedlichen Stevia-Produkte, die Sie in gut sortierten Reformhäusern und Bioläden bekommen.

Stevia-Produkte und ihre Anwendungsmöglichkeiten

Stevia-Pflanze – frische Blätter: In gut sortierten Gärtnereien erhält man Stevia als Steckling, gewachsene Pflanze oder als Samen für den eigenen Anbau. Die frischen Blätter sind ideal zum Süßen von Tee oder zur Herstellung eigener Stevia-Produkte.

Stevia-Blätter – im Ganzen, Feinschnitt oder als grünes Pulver: Als Stevia-Tee, zum Süßen von Tee, Salaten, diversen Rezepten, zum Herstellen von natürlichem Süßextrakt mit allen Inhaltsstoffen für die weitere, süße Verwendung, für das Badewasser oder als Maske für Gesicht und Dekolleté.

Stevia-Tabs – kleine, gepresste Stevia-Tabletten: Zum Süßen von warmen und kalten Getränken wie Tee und Kaffee oder Fruchtsäften. Sie lösen sich etwas langsamer als herkömmliche Süßstoffe auf.

Stevia-Granulat (Steviosid) – pulverisierte Form, ohne Bitterstoffe: Zum Süßen und Backen von Mehlspeisen, Torten, diversen Süßspeisen, Salaten, eingelegtem Gemüse, für Joghurt, Getränke u. v. m. Stevia-Granulat ist backfest, löst sich in allen Flüssigkeiten und hat eine Süße von ca. 1:10 im Vergleich zu herkömmlichem Haushaltszucker.

Stevia-Fluid – flüssiges, klares Extrakt: Zum Süßen von Heißgetränken, aber auch kalten Getränken, Obst und Beeren, Marmelade, selbst gemachtem Eis, Pudding etc. Kann auch 1:1 anstelle von herkömmlichen Flüssigsüßmitteln verwendet werden.

Stevia-Sirup – grünlich-brauner, zäher Extrakt: Vollwertiger Extrakt aus dem Blatt mit allen Inhaltsstoffen der Pflanze. Erinnert geschmacklich an Süßholz (Lakritze). Zum Süßen von Tee, Kaffee, Säften etc.

Anwendungsmöglichkeiten von Stevia

- Zum Süßen von Getränken
- Als Süßungsmittel zum Backen
- Als Geschmacksverstärker und Süßstoff für folgende Produkte: Brot, Säfte, Beeren, Süßigkeiten, Kaugummis, eingelegtes Gemüse, eingekochte Früchte u. v. m.
- Als Mittel gegen Diabetes und Bluthochdruck (Brasilien)
- Zur Unterstützung der Verdauung
- Zur äußerlichen Behandlung von Wunden
- Zur Minderung von Entzündungen im Mund- und Rachenbereich sowie gegen Zahnfleischbluten

Extrem süß kann bitter werden

Stevia ist gleichermaßen Süßstoff wie Geschmacksverstärker und bringt über die Süßkraft den *Eigengeschmack der Speisen* zur Geltung. In den Medien hört und liest man oft, dass die Intensität von Stevia bis zu 300-fach süßer als Zucker ist. Das ist verwirrend und für den Hausgebrauch unpraktisch, außerdem schwer zu dosieren und ein Zuviel wird *bitter*. Kaufen Sie kein Produkt, das als extrem süß und mit den daraus resultierenden Preisvorteilen beworben wird, sonst erleben Sie eine „bittere" Stevia-Enttäuschung. Wirklich gute Stevia-Produkte sollten auch bei intensiver Süße *nicht bitter werden*. Sie sind in der Regel auch teurer.

Das in *meinem Buch verwendete Stevia-Granulat* enthält über 80 Prozent Rebaudiosid A. Das ist der süßeste Inhaltsstoff des Stevia-Blattes und ist keinesfalls bitter, sondern hat eine wunderbare Süße, ohne Nachgeschmack. Darin enthaltene Ballaststoffe (Präbiotika) sorgen zudem für eine gute Verträglichkeit und es löst sich hervorragend leicht in kalten und warmen Flüssigkeiten auf (siehe Anhang).

Mit einer *Süße von 1:10* kann es leicht in vorhandenen Rezepten umgerechnet werden:

10 g Stevia-Granulat sind so viel wie
ca. 100 g Zucker – oder noch praktischer: 2 ½ Teelöffel Stevia.

Die Mengenangabe bei den Rezepten „1 TL Stevia" bezieht sich auf einen leicht gehäuften Teelöffel (4 bis 5 g). Die Gesamtmenge an Stevia kann bei meinen Rezepten um 1 bis 2 Teelöffel erhöht werden.

Bio- und Vollkornprodukte

Ich empfehle Ihnen außerdem, wann immer es möglich ist, auf **Bio- und Voll-kornprodukte** zurückzugreifen. Weißmehl, Zucker und Fett enthalten zu wenig Vitamine und Ballaststoffe und bringen den gesamten Organismus aus dem Gleichgewicht, man nimmt deshalb auch schneller an Gewicht zu.

Bio- und Vollkornprodukte sind etwa 20 bis 30 Prozent teurer als industriell verarbeitete Produkte, dafür auf Dauer kostengünstiger. Seit ich auf hochwertige Lebensmittel umgestiegen bin, reduzierten sich meine Lebensmittelkosten um ein Drittel. Warum? Weil alle Nährstoffe in den Vollkornprodukten enthalten sind, man schneller satt wird und in weiterer Folge weniger isst (und auch weniger einkaufen muss). Auch die anschließenden Mahlzeiten verzögern sich bis zu zwei Stunden.

Einer der wichtigsten Bestandteile in meinen Kuchenrezepten ist Vollkornmehl. Bei frisch gemahlenem Getreide ist ein geschmacklicher Unterschied bemerkbar. Wenn Sie auf Dauer Ihrer Figur Gutes tun wollen und natürliche Süßspeisen genießen möchten, wäre die **Anschaffung einer Getreidemühle** empfehlenswert. Ganzes Getreide ist zwei bis drei Jahre haltbar und Sie haben immer jede Menge frisch zur Verfügung. Sie ersparen sich viel Zeit (Einkauf) und können mit einigen Grundnahrungsmitteln, die man zu Hause hat, zu backen beginnen. Kuchen mit frisch gemahlenem Mehl duften und schmecken einfach besser. Mehl im Bioladen oder in einem Reformhaus frisch mahlen zu lassen, ist dem Mehl aus dem Supermarkt stets vorzuziehen.

Tipps, damit das Backen mit Stevia auch wirklich gelingt

1) Bedenken Sie, dass die **Teigmasse** bei den Rezepten **etwas kleiner** ist als gewohnt, da Zucker und ein Großteil des Fettes oder der Eier entfallen und Vollkornmehl verwendet wird. Seien Sie nicht irritiert, mit den übrigen Zutaten wird es ein ganz normaler Kuchen – mit etwas kleinerem Volumen.

2) Der **Feinheitsgrad** der Vollkornmehlsorten (besonders bei gekauftem Vollkornmehl) kann unterschiedlich sein, deshalb kann die Flüssigkeitsmenge leicht variieren, denn meine Rezepte wurden mit frisch gemahlenem Vollkornmehl

gebacken. Betroffen sind am ehesten die Rezepte „vegan" und „ohne Ei". Halten Sie am Anfang etwas Flüssigkeit zurück. Wenn der Teig **zu flüssig** geworden ist, helfen Sie sich mit der Zugabe von etwas Mehl oder Nüssen. Fast alle Rezepte kann man in der **Küchenmaschine** zubereiten, bei Verwendung eines Handmixers verlängert sich die Zubereitung entsprechend.

3) Alle Zutaten vor dem Verarbeiten **aus dem Kühlschrank** nehmen. Butter und Margarine sollten zimmerwarm sein, so lässt sie sich besser glatt rühren.

4) Die Angabe „1 TL Stevia" bezieht sich auf einen **leicht gehäuften Teelöffel** und kann bis zu 2 Teelöffel, bei dem Stevia-Produkt, das ich verwendet habe, erhöht werden. Das im Buch verwendete **Stevia-Granulat** finden Sie im Anhang.

5) Achten Sie bei der **Sojasahne** auf die Festigkeit, die steifste Sojasahne ist die von Soyatoo, die ich in allen Rezepten verwendet habe (eine Packung mit 300 ml ist inzwischen auch im Supermarkt erhältlich). Wenn Sie ein anderes Produkt verwenden oder eines mit weniger Festigkeit, rühren Sie genügend Sahnesteif unter. Sie können Sojasahne auch durch Schlagobers (Schlagsahne) ersetzen, aber die Kalorien erhöhen sich bei 100 g von ca. 164 auf 340 kcal.

6) **Puddingcremen** werden fester, wenn man 20 bis 30 Prozent weniger Milch verwendet (z. B. für 1 Packung Puddingpulver 350 bis 400 ml Milch, statt wie üblich 500 ml). Milch kann durch Soja-, Dinkel-, Hafer-, Kokos- oder Reismilch ersetzt werden.

7) Wenn Sie keine **Silikonformen** zum Backen verwenden, müssen die Formen eingefettet und mit Bröseln oder Mehl bestaubt werden. Alle Rezepte, wenn nicht anders angegeben, sind mit **Heißluft** gebacken. Die Temperatur- und Zeitangaben sind Richtwerte, denn es kommt auf den Backofen und die Backform an. Machen Sie am Ende der Backzeit eine Garprobe mit einem Holz- oder Metallstäbchen; es darf beim Herausziehen aus dem Backgut kein Teig mehr am Stäbchen haften. **Tipp:** Es gibt im Handel ein Stäbchen, das sich bei durchgebackenem Kuchen rot färbt.

8) Die Kuchen sind **drei bis vier Tage haltbar**. Kuchen mit frischem Obst und Gemüse sollten Sie stets kühl aufbewahren.

9) Probieren Sie **verschiedene Vollkornmehlsorten** aus, wie Emmer-, Einkorn- oder Kamutmehl, um einen neuen Geschmack kennenzulernen.

10) Als **Bindemittel** bei eifreien und veganen Rezepten bewährt sich am besten Johannisbrotkernmehl (1 EL = 8 g pro Rezept), es ist geschmacksneutral und enthält außerdem keine Kalorien. Ei-Ersatzprodukte enthalten zu viele Inhaltsstoffe, sind fettlastig und beeinflussen zudem den Geschmack in den Süßspeisen.

11) Alle Kalorien- und Mengenangaben sind nach bestem Wissen ermittelt und als **Richtwerte** anzusehen.

12) Seien Sie **kreativ**, auch wenn es nicht gleich beim ersten Mal klappt. Es kann nichts passieren, außer, dass Ihnen der Kuchen oder das Dessert noch nicht so gut schmeckt. Es lohnt sich auf jeden Fall, es noch einmal zu probieren.

Mengenangaben

1 EL Rum: 5 g
1 TL Stevia-Granulat: 4–5 g
1 Pkg. Weinsteinbackpulver: 16 g
1 Pkg. Trockenhefe: 7 g
1 EL Öl: 8 g
1 EL Johannisbrotkernmehl: 8 g
1 EL Haselnüsse, gehackt: 8 g
1 EL Kokosraspeln: 5 g
1 EL Kürbiskerne: 9 g
1 EL Haselnuss-, Mandelmus: 20 g
1 EL Pistazien, gehackt: 10 g

Abkürzungen

EL = Esslöffel (Suppenlöffel)
g = Gramm
l = Liter
ml = Milliliter
Msp = Messerspitze
Pkg = Packung
TL = Kaffeelöffel

Produktübersicht

Die Produkte sind größtenteils in gut sortierten Supermärkten erhältlich, einige im Bioladen und Reformhaus.

Agar-Agar: Pflanzliches Bindemittel aus Meeresalgen. Für die Rezepte wurde Pulver verwendet.

Aprikosenkerne: Werden bei Aprikosenkeksen verwendet und dienen auch als Ersatz von Nüssen und Mandeln bei Allergien.

Backpulver: Weinsteinbackpulver, phosphatfrei.

Bourbon-Vanillepulver: Dabei handelt es sich um gemahlene Vanilleschoten.

Butter: Verwendet wird in den Rezepten Biobutter.

Eier: Bioeier oder Freilandeier bevorzugen.

Getreide:

Dinkel: Wird von den meisten Menschen gut vertragen.

Emmer und Einkorn: Sind eine Alternative zu Dinkel.

Hirse: Kann man anstelle von Mehl einsetzen.

Weizen: Gut geeignet für Kleingebäck.

Kakao: Kakaopulver, ungesüßt.

Kokosmilch: Light oder 15 % Fett, dient als Flüssigkeitszusatz.

Kokosmus: 100 %, ungesüßt – Geschmacksträger, kann durch Butter oder Margarine ersetzt werden.

Mandelmus: 100 %, ungesüßt, hell und dunkel erhältlich.

Marmeladen, Konfitüren, Fruchtmus: Zuckerfrei, wurden in meinen Rezepten selbst zubereitet.

Milch: Vollmilch 1,5 bis 3,6 % Fett, Soja-, Mandel- oder verschiedene Getreide-milchsorten, dient als Flüssigkeitszusatz.

Nüsse: Mandeln. Walnüsse. Haselnüsse oder Aprikosenkerne.

Öl: Hochwertiges neutrales Sonnenblumen- oder Nussöl.

Orangen: Unbehandelte Früchte bevorzugen.

Pflanzenmargarine: Hochwertige, aus dem Bioladen oder Reformhaus.

Rosinen: Ungeschwefelt, ungesüßt, aus dem Bioladen oder Reformhaus.

Schokolade: Hochwertige Bitterschokolade (60 bis 80 %), Milchschokolade, ungezuckerte Kochschokolade, Sojaschokolade oder Kuvertüre.

Stevia-Schokolade: Inzwischen werden im Handel, verschiedene Stevia-Schokoladen angeboten. Ich habe in meinen Rezepten Stevia-Schokolade verwendet, die mit Bitterschokolade (70 %) geschmacklich vergleichbar ist. Sie enthält etwas weniger Kalorien (bis zu 50 Kalorien) als herkömmliche Schokolade. Man kann Stevia-Schokolade auch essen.

Sojacreme: 15 % Fett oder „light" mit nur 5 % Fett. Als „Soja-Cuisine" oder „Soja-Dream" erhältlich. Wird als Alternative zu Butter und Öl verwendet.

Sojasahne: Mit nur 11 % Fett eignet sie sich hervorragend für Desserts, als Ersatz für Schlagobers (Schlagsahne) und zur Kalorienreduzierung. Auch als Sojaschlagcreme erhältlich. Probieren Sie die verschiedenen Produkte aus und greifen Sie zu jener Sojasahne, die sich am besten schlagen lässt. Hier gibt es sehr große Unterschiede.

Stevia-Granulat: Enthält keine Kalorien, ist gut zu dosieren. Zum Nachsüßen mit ½ bis 1 TL beginnen.

Topfen (Quark): 1 bis 20 % Fett, dient als Fettersatz.

Trockenfrüchte: Ungeschwefelt und ungesüßt.

Trockenhefe: Ohne Emulgatoren, aus dem Bioladen oder Reformhaus.

Zitronen: Unbehandelt.

Kuchen
&
Schnitten

Bananenschnitten

Boden:

90 g Pflanzenmargarine
4 TL Stevia-Granulat
½ TL Bourbon-Vanillepulver
Schale und Saft von ½ Zitrone
200 g Vollkorn-Kamutmehl
I EL (8 g) Johannisbrotkernmehl
40 g gemahlene Mandeln
I Pkg. Weinsteinbackpulver
200 ml Soja- oder Hafermilch
Marillenmarmelade (Aprikosenmarmelade), mit Stevia
gesüßt, zum Bestreichen

Creme:

200 g Sojasahne
I ½ Pkg. Vanillepuddingpulver
mit 500 ml Sojamilch
zubereitet und mit I TL
Stevia gesüßt (kalt und fest)
I–2 TL Stevia-Granulat
2 Bananen
Zitronensaft
40 g Stevia-Schokolade oder
Bitterkuvertüre
15 g Kokosfett

Backofen auf 180 Grad
vorheizen.

Boden:

1) Margarine, Stevia, Vanillepulver, Zitronenschale und -saft glatt rühren.

2) Mehl, Johannisbrotkernmehl, Mandeln und Backpulver vermengen und mit der Teigmasse vermischen. Langsam Sojamilch unterrühren, bis ein glatter Teig entsteht.

3) In die Springform füllen und im vorgeheizten Backofen bei 180 Grad ca. 35 Minuten backen. Vollständig auskühlen lassen und mit Marmelade bestreichen.

Creme:

1) Sojasahne schlagen und zur Seite stellen. Pudding und Stevia glatt rühren und mit Sojasahne vermengen.

2) Bananen in Scheiben schneiden und mit Zitronensaft beträufeln. Kuchenboden mit Bananen belegen und Creme gleichmäßig verteilen.

3) Schokolade und Kokosfett im Wasserbad erwärmen, bis sie flüssig sind. Die Schnitten dünn damit überziehen. Mindestens 6 Stunden in den Kühlschrank stellen und kühl aufbewahren.

TIPP: Schnittfester sind die Bananenschnitten, wenn sie schon am Vortag zubereitet werden.

Stücke	20
Vorbereitung	30 Minuten
Backzeit	ca. 35 Minuten
Ruhezeit	6 Stunden
Form	Springform eckig, 24 x 24 cm
Pro Stück	ca. 135 kcal

(Ohne Ei) (Milchfrei) (Vegan)

Apfel-Karotten-Schnitten

Zutaten:

2 Eier

1 Apfel (ca. 200 g)

120 g Karotten (Möhren)

1 TL Zimtpulver

1 EL Rum

Saft und Schale von ½ Zitrone

70 g Butter

1 EL Öl

130 g Topfen (Quark), 10 %

4–5 TL Stevia-Granulat

110 g Vollkorn-Kamutmehl

50 g gemahlene Mandeln

1 Pkg. Weinsteinbackpulver

Mandelsplitter zum Bestreuen

Backofen auf 180 Grad
  vorheizen.

1) Eier trennen. Eiweiß zu Schnee schlagen und auf die Seite stellen. Apfel und Karotten (Möhren) schälen, grob raspeln, mit Zimt, Rum, Zitronenschale und -saft vermischen. Butter, Öl, Topfen (Quark) und Stevia glatt rühren und langsam Eigelb unterrühren.

2) Mehl, Mandeln, Backpulver vermengen, mit der Eigelbmasse vermischen und ¾ der Apfel-Karotten-Mischung hinzufügen. Anschließend steif geschlagenes Eiweiß unterheben.

3) In eine Springform füllen, mit der restlichen Apfel-Karotten-Mischung belegen und mit Mandelsplittern bestreuen. Im vorgeheizten Backofen bei 180 Grad ca. 35 Minuten backen.

TIPP: Probieren Sie zur Abwechslung auch die Varianten Kürbis mit Birne oder Zucchini mit Apfel aus.

Stücke	20
Vorbereitung	20 Minuten
Backzeit	ca. 35 Minuten
Form	Springform eckig, 24 x 24 cm
Pro Stück	ca. 81 kcal

Braunhirseduo mit Pfirsich

Zutaten:

1) Eier trennen. Eiweiß zu Schnee schlagen und auf die Seite stellen. Butter erwärmen, bis sie flüssig ist, auskühlen lassen. Eigelb, Topfen (Quark), Stevia und Vanille glatt rühren, langsam Pfirsichmus (oder Apfelmus) und flüssige Butter unterrühren.

2) Mandeln, Braunhirse, Hirse und Backpulver vermengen und mit der Eigelbmasse vermischen. Anschließend das steif geschlagene Eiweiß unterheben und in die Form füllen.

3) Pfirsich in kleine Würfel schneiden. Die Masse so mit Pfirsichstücken belegen, sodass sie im Teig versinken und leicht an der Oberfläche sichtbar sind. Im vorgeheizten Backofen bei 180 Grad 35 bis 40 Minuten backen.

3 Eier
60 g Butter
60 g Topfen (Quark), 10 %
4 TL Stevia-Granulat
½ TL Bourbon-Vanillepulver
90 g Pfirsichmus
   (alternativ: Apfelmus)
40 g gemahlene Mandeln
80 g gemahlene Braunhirse
40 g gemahlene Hirse
1 Pkg. Weinsteinbackpulver
½ Pfirsich

Backofen auf 180 Grad
   vorheizen.

Stücke	14
Vorbereitung	15 Minuten
Backzeit	ca. 35–40 Minuten
Form	Kastenform, 24 cm
Pro Stück	ca. 103 kcal

Frühstückszopf

Zutaten:

280 g Vollkorn-Weizenmehl
   oder Vollkorn-Dinkelmehl
1 Pkg. Trockenhefe
   (Trockengerm)
100 g Butter
160 g Topfen (Quark), 20 %
5–6 TL Stevia-Granulat
1 TL Bourbon-Vanillepulver
Schale von 1 Zitrone
2 Eier
100 ml Milch
gehobelte Mandeln für die Form

Backofen auf 175 Grad
   vorheizen.

1) Mehl und Trockenhefe (Trockengerm) vermengen. Butter, Topfen (Quark), Stevia, Vanillepulver und Zitronenschale glatt rühren und langsam Eier unterrühren.

2) Anschließend Mehl zur Buttermasse hinzufügen und Milch unterrühren, bis ein glatter Teig entsteht. 1 Stunde zugedeckt gehen lassen.

3) Teig einmal kurz und kräftig durchkneten. Eine Zopfform befetten und mit Mandeln bestreuen, Teig einfüllen und nochmals 1 Stunde zugedeckt gehen lassen. Im vorgeheizten Backofen bei 175 Grad ca. 40 Minuten backen.

TIPP: Für zusätzliche Süße zum Schluss Rosinen unter den Teig mischen.

Stücke	18
Vorbereitung	20 Minuten
Backzeit	ca. 40 Minuten
Ruhezeit	2 Stunden
Form	Zopfform, 36 cm
Pro Stück	ca. 116 kcal

Ruck-zuck-Kakaoschnitten

Zutaten:

80 g Pflanzenmargarine (Butter)
I EL Öl
5 TL Stevia-Granulat
I TL Bourbon-Vanillepulver
3 EL Rum
220 g Vollkorn-Einkorn oder
Vollkorn-Dinkelmehl
60 g gemahlene Mandeln
35 g Kakaopulver
I Pkg. Weinsteinbackpulver
I EL (8 g) Johannisbrotkernmehl
300 ml Vanille-Soja- oder
Hafermilch
Marmelade, mit Stevia gesüßt,
zum Bestreichen
30 g Stevia-Schokolade oder
Bitterkuvertüre
I0 g Kokosfett

Backofen auf 180 Grad
vorheizen.

1) Margarine, Öl, Stevia, Vanillepulver und Rum glatt rühren. Mehl, Mandeln, Kakao, Backpulver und Johannisbrotkernmehl vermengen und mit der Masse vermischen. Anschließend Sojamilch untermischen, bis ein glatter Teig entsteht.

2) In die Form füllen und im vorgeheizten Backofen bei 180 Grad ca. 45 Minuten backen. Auskühlen lassen und mit Marmelade bestreichen. Kuvertüre und Kokosfett im Wasserbad erwärmen, bis sie flüssig sind. Die Schnitten damit dünn überziehen.

Stücke	20
Vorbereitung	10 Minuten
Backzeit	ca. 45 Minuten
Form	Springform eckig, 24 x 24 cm
Pro Stück	ca. 113 kcal

(Ohne Ei) (Milchfrei) (Vegan)

Englischer Kümmelkuchen

1) Butter, Öl, Stevia und Zitronenschale glatt rühren und langsam Eier unterrühren. Mehl, Kümmel und Backpulver vermengen und mit der Masse vermischen. Anschließend Milch unterrühren, bis ein glatter Teig entsteht.

2) Den Teig in eine Springform füllen, mit Kümmel bestreuen und im vorgeheizten Backofen bei 180 Grad 30 bis 35 Minuten backen. Auskühlen lassen und in Schnitten schneiden.

TIPP: Wem der Kümmelgeschmack zu intensiv ist, kann Kümmel auch durch Anis ersetzen.

Zutaten:

100 g Butter
1 EL Öl
4–5 TL Stevia-Granulat
Schale von ½ Zitrone
3 Eier
150 g Vollkorn-Weizenmehl
1 EL zerstoßener oder in einer
   Mühle grob gemahlener
   Kümmel
1 Pkg. Weinsteinbackpulver
125 ml Milch
1 TL ganzer Kümmel zum
   Bestreuen

Backofen auf 180 Grad
   vorheizen.

Stücke	20
Vorbereitung	10 Minuten
Backzeit	30–35 Minuten
Form	Springform eckig, 24 x 24 cm
Pro Stück	ca. 84 kcal

Grieß-Mohn-Schnitten

Zutaten:

3 Eier
70 g Butter
170 g Magertopfen
   (Magerquark)
1 EL Mohnöl oder neutrales Öl
1 TL Bourbon-Vanillepulver
1 TL Zimtpulver
4 TL Stevia-Granulat
1 EL Rum
Schale von ½ Zitrone
100 g Soja- oder Hafercreme
100 g Vollkorn-Dinkelgrieß
35 g gemahlene Mandeln
35 g gemahlenen Mohn
1 Pkg. Weinsteinbackpulver

Backofen auf 180 Grad
   vorheizen.

1) Eier trennen. Eiweiß zu Schnee schlagen und auf die Seite stellen. Butter erwärmen, bis sie flüssig ist. Auskühlen lassen.

2) Eigelb, Topfen (Quark), Öl, Vanillepulver, Zimtpulver, Stevia, Rum und Zitronenschale glatt rühren, anschließend Sojacreme und flüssige Butter unterrühren.

3) Grieß, Mandeln, Mohn und Backpulver vermengen, mit der Eigelbmasse vermischen und steif geschlagenes Eiweiß unterheben. In die Form füllen und im vorgeheizten Backofen bei 180 Grad 30 bis 35 Minuten backen.

TIPP: Auskühlen lassen, mit flüssiger Schokolade über die Schnitten dekorative Fäden ziehen oder mit Marmelade (mit Stevia gesüßt) bestreichen und mit Kokosraspeln bestreuen.

Stücke	20
Vorbereitung	15 Minuten
Backzeit	30–35 Minuten
Form	Springform eckig, 24 x 24 cm
Pro Stück	ca. 91 kcal

Feiner Ölkuchen mit Orangen

1) Eier trennen. Eiweiß zu Schnee schlagen und zur Seite stellen. Eigelb, Öl, Stevia, Vanille, Orangenschale und Orangenlikör glatt rühren.

2) Mehl und Backpulver vermengen, mit der Eigelbmasse vermischen und langsam Mineralwasser unterrühren.

3) Steif geschlagenes Eiweiß unterheben und in die Form füllen. Mit Orangeat und Mandelsplittern bestreuen und im vorgeheizten Backofen bei 180 Grad 45 bis 50 Minuten backen.

TIPP: Für besondere Anlässe den Kuchen mit Orangencreme füllen.

Creme:

Sojasahne schlagen und zur Seite stellen. Topfen (Quark), Stevia, Orangenschale und Orangenlikör glatt rühren und mit der Sojasahne vermischen. Anschließend 20 bis 30 Minuten in den Kühlschrank stellen. Den Kuchen zweimal waagrecht durchschneiden, mit Creme bestreichen und kühl aufbewahren. Die Kalorien erhöhen sich dadurch auf ca. 165 kcal pro Stück.

Zutaten:

4 Eier
90 ml Öl
5 TL Stevia-Granulat
½ TL Bourbon-Vanillepulver
Schale von 1 ½ Orangen
    oder ca. 1 TL getrocknete
    Orangenschale
2 EL Orangenlikör
    (Grand Marnier)
220 g Vollkorn-Kamutmehl oder
    Vollkorn-Dinkelmehl
1 Pkg. Weinsteinbackpulver
130 ml Mineralwasser
ungesüßtes Orangeat
Mandelsplitter zum Bestreuen

Backofen auf 180 Grad
    vorheizen.

Creme:

140 g Magertopfen (Magerquark)
180 g Sojasahne
2–3 TL Stevia-Granulat
Orangenschale von 1 Orange
2 EL Orangenlikör oder 4–5 EL
    Orangensaft

Stücke	14
Vorbereitung	10 Minuten
Backzeit	45–50 Minuten
Form	Kastenform, 24 cm
Pro Stück	ca. 131 kcal

Ohne Ei    **Milchfrei**   **Vegan**

Pistazienschnittchen

Zutaten:

3 Eier

60 g Butter

2 EL Öl

160 g Magertopfen
  (Magerquark)

1 TL Bourbon-Vanillepulver

2 EL Pistazienlikör oder Rum

4–5 TL Stevia-Granulat

70 g Sojacreme

120 g Vollkorn-Kamutmehl

70 g gemahlene Pistazien

1 Pkg. Weinsteinbackpulver

2 EL gehackte Pistazien zum
  Bestreuen

Backofen auf 180 Grad
  vorheizen.

1) Eier trennen. Eiweiß zu Schnee schlagen und auf die Seite stellen. Butter, Öl, Topfen (Quark), Eigelb, Vanillepulver, Pistazienlikör oder Rum und Stevia glatt rühren. Anschließend Sojacreme unterrühren.

2) Mehl, gemahlene Pistazien und Backpulver vermengen, mit der Teigmasse vermischen und steif geschlagenes Eiweiß unterheben.

3) In eine Kuchenform füllen, mit Pistazien bestreuen und im vorgeheizten Backofen bei 180 Grad ca. 30 bis 35 Minuten backen.

Stücke	20
Vorbereitung	15 Minuten
Backzeit	ca. 30–35 Minuten
Form	Springform eckig, 24 x 24 cm
Pro Stück	ca. 98 kcal

Luftig-leichte Topfenschnitten

Boden:

1) Eier trennen. Eiweiß zu Schnee schlagen und auf die Seite stellen. Eigelb, Stevia, Zitronenschale und Öl glatt rühren, anschließend Mineralwasser unterrühren.

2) Mehl, Mandeln und Backpulver vermengen und mit der Eigelbmasse vermischen. Steif geschlagenes Eiweiß unterheben und im vorgeheizten Backofen bei 180 Grad 20 bis 25 Minuten backen. Auskühlen lassen und mit Marmelade bestreichen.

Creme:

1) Topfen (Quark), Stevia, Zitronenschale und Sojacreme bzw. Joghurt glatt rühren.

2) Gelatine in kaltem Wasser einweichen, ausdrücken und in einen Topf geben. Auf kleiner Stufe erwärmen, bis sie vollständig aufgelöst ist. Anschließend mit einem Handmixer in der Creme gleichmäßig verteilen.

3) Tortenboden in die Springform legen, Creme einfüllen und glatt streichen. Im Kühlschrank ca. 5 Stunden fest werden lassen und kühl aufbewahren.

Boden:

3 Eier
3–4 TL Stevia-Granulat
Schale von ½ Zitrone
5 EL Öl
5 EL Mineralwasser
100 g Vollkorn-Kamutmehl
40 g gemahlene Mandeln
½ Pkg. Weinsteinbackpulver
Marmelade, mit Stevia gesüßt,
   zum Bestreichen

Creme:

500 g Topfen (Quark), 10 %
2–3 TL Stevia-Granulat
Schale von 1 Zitrone
80 g Sojacreme oder Joghurt
3 Blatt Gelatine

Backofen auf 180 Grad
   vorheizen.

Stücke	20
Vorbereitung	20 Minuten
Backzeit	20–25 Minuten
Ruhezeit	ca. 5 Stunden
Form	Springform eckig, 24 x 24 cm
Pro Stück	ca. 88 kcal

Nusskuchen

Zutaten:

3 Eier
4–5 TL Stevia-Granulat
80 ml Walnussöl
½ TL Bourbon-Vanillepulver
125 ml Mineralwasser
150 g Vollkorn-Weizenmehl
   oder Vollkorn-Dinkelmehl
60 g gemahlene Walnüsse
1 Pkg. Weinsteinbackpulver

Backofen auf 180 Grad
   vorheizen.

1) Eier trennen. Eiweiß zu Schnee schlagen und zur Seite stellen. Eigelb, Stevia, Öl und Vanille glatt rühren und langsam Mineralwasser hinzufügen.

2) Mehl, Nüsse und Backpulver vermengen, mit der Masse vermischen und das steif geschlagene Eiweiß unterheben. In die Form füllen und im vorgeheizten Backofen bei 180 Grad 35 bis 40 Minuten backen.

TIPP: Anstelle der Walnüsse kann man Haselnüsse verwenden. Auch neutrales Öl ist möglich, aber Nussöl intensiviert den Geschmack.

Stücke	14
Vorbereitung	10 Minuten
Backzeit	35–40 Minuten
Form	Kastenform, 24 cm
Pro Stück	ca. 131 kcal

Ohne Ei  **Milchfrei** **Vegan**

Kokosschnitten

80 g Pflanzenmargarine
½ TL Bourbon-Vanillepulver
5–6 TL Stevia-Granulat
2 EL Kokosöl oder neutrales Öl
Schale von 1 Zitrone
1 TL Zitronensaft
250 g Vollkorn-Kamutmehl
90 g Kokosraspeln
1 EL (8 g) Johannisbrotkernmehl
1 Pkg. Weinsteinbackpulver
60 g Soja- oder Hafercreme
280 ml Kokosmilch
Marillenmarmelade
    (Aprikosenmarmelade),
    mit Stevia gesüßt, zum
    Bestreichen
Kokosraspeln zum Bestreuen

Backofen auf 180 Grad
    vorheizen.

1) Margarine, Vanillepulver, Stevia, Öl, Zitronenschale und -saft glatt rühren.

2) Mehl, Kokosraspeln, Johannisbrotkernmehl und Backpulver vermengen und mit der Teigmasse vermischen. Langsam Sojacreme und Kokosmilch hinzufügen, bis ein geschmeidiger Teig entsteht.

3) In die Form füllen und im vorgeheizten Backofen bei 180 Grad 50 bis 55 Minuten backen. Auskühlen lassen, mit Marmelade bestreichen und mit Kokosraspeln bestreuen.

Stücke................20
Vorbereitung......15 Minuten
Backzeit.............50–55 Minuten
Form..................Springform eckig, 24 x 24 cm
Pro Stück............ca. 120 kcal

(Ohne Ei)   (Milchfrei)   (Vegan)

Polenta-Zitronen-Würfelchen

Zutaten:

3 Eier

80 g Butter

150 g Topfen (Quark), 10 %

4 TL Stevia-Granulat

Saft und Schale von 1 Zitrone

120 g feine Polenta (Maisgrieß)

20 g Kokosraspeln

50 g Vollkorn-Kamut- oder
Vollkorn-Weizenmehl

1 Pkg. Weinsteinbackpulver

30 g weiße Kuvertüre

10 g Kokosfett

getrocknete Blüten zum
Bestreuen

Backofen auf 180 Grad
vorheizen.

1) Eier trennen. Eiweiß zu Schnee schlagen und auf die Seite stellen. Butter, Topfen (Quark), Stevia und Zitronenschale glatt rühren. Anschließend langsam Eigelb und Zitronensaft unterrühren.

2) Polenta, Kokosraspeln, Mehl und Backpulver vermengen, mit der Teigmasse vermischen und steif geschlagenes Eiweiß unterheben. Im vorgeheizten Backofen bei 180 Grad 30 bis 35 Minuten backen und vollständig auskühlen lassen.

3) Kuvertüre mit Kokosfett im Wasserbad erwärmen, bis sie flüssig sind. Anschließend in einen Spritzsack mit einer dünnen Tülle geben, über den Kuchen Fäden ziehen (oder mit einem Pinsel dünn bestreichen) und mit der Blütenmischung bestreuen. Auskühlen lassen, in kleine Würfel schneiden und kühl aufbewahren.

TIPP: Anstelle der Blütenmischung können die Würfel auch mit fein gehacktem Zitronat oder mit Pistazien bestreut werden.

Stücke	36, ca. 4 x 4 cm
Vorbereitung	20 Minuten
Backzeit	30–35 Minuten
Form	Springform eckig, 24 x 24 cm
Pro Stück	ca. 51 kcal

Schnitten mit Vanillecreme

Teig:

1) Margarine, Öl, Vanillepulver und Stevia glatt rühren. Mehl, Mandeln, Johannisbrotkernmehl und Backpulver vermengen und mit der Teigmasse vermischen. Anschließend Vanille-Sojamilch hinzufügen, bis ein glatter Teig entsteht.

2) In die Form füllen und im vorgeheizten Backofen bei 180 Grad ca. 45 Minuten backen. Auskühlen lassen und mit Marmelade bestreichen.

Creme:

1) Sojasahne schlagen und auf die Seite stellen. Pudding, Vanillepulver und Stevia glatt rühren und mit Sojasahne vermischen.

2) Tortenboden in die Form legen, Creme einfüllen und glatt streichen. 4 bis 5 Stunden in den Kühlschrank stellen und kühl aufbewahren.

Teig:

70 g Pflanzenmargarine
2 EL Öl
1 ½ TL Bourbon-Vanillepulver
5 TL Stevia-Granulat
200 g Vollkorn-Kamutmehl
50 g gemahlene Mandeln
1 EL (8 g) Johannisbrotkernmehl
1 Pkg. Weinsteinbackpulver
200 ml Vanille-Sojamilch
200 ml dunkle Marmelade, ohne Zucker bzw. mit Stevia gesüßt, zum Bestreichen

Creme:

300 g Sojasahne
350 g fester und kalter Vanillepudding (entspricht 1 Pkg. Vanillepuddingpulver mit ca. 370 ml Sojamilch und 1 TL Stevia zubereitet)
½ TL Bourbon-Vanillepulver
2–3 TL Stevia-Granulat

Backofen auf 180 Grad vorheizen.

Stücke	20
Vorbereitung	20 Minuten
Backzeit	ca. 45 Min.
Ruhezeit	4–5 Stunden
Form	Springform eckig, 24 x 24 cm
pro Stück	ca. 122 kcal

(Ohne Ei) (Milchfrei) (Vegan)

Kaffeecremeschnitten

Boden:

1) Eier trennen. Eiweiß zu Schnee schlagen und auf die Seite stellen. Eigelb, Topfen (Quark), Vanillepulver und Stevia glatt rühren, langsam Sojacreme und Mineralwasser unterrühren (Masse ist sehr flüssig).

2) Mehl, Mandeln und Backpulver vermengen und mit der Eigelbmasse vermischen.
Anschließend steif geschlagenes Eiweiß unterheben. Im vorgeheizten Backofen bei 180 Grad ca. 30 Minuten backen und vollständig auskühlen lassen.

Creme:

1) Qimiq, Topfen (Quark) und Stevia glatt rühren, anschließend Whisky oder Rum und Kaffee unterrühren.

2) Gelatine in kaltem Wasser einweichen, ausdrücken und in einen Topf geben. Auf kleiner Stufe erwärmen, bis sie vollständig aufgelöst ist. Anschließend mit einem Handmixer die flüssige Gelatine in der Creme gleichmäßig verteilen.

3) Kuchenboden in eine eckige Springform legen, Creme einfüllen und glatt streichen. Im Kühlschrank 4 bis 5 Stunden fest werden lassen. Mit Kaffeepulver bestreuen oder mit Schokoladebohnen belegen.

Boden:

3 Eier
100 g Topfen (Quark), 20 %
½ TL Bourbon-Vanillepulver
3 TL Stevia-Granulat
70 g Soja- oder Hafercreme
40 ml Mineralwasser
90 g Vollkorn-Einkornmehl oder
    Vollkorn-Dinkelmehl
30 g gemahlene Mandeln
½ Pkg. Weinsteinbackpulver

Creme:

250 g Qimiq Vanille
    (ersatzweise 200 g kalten
    und festen Vanillepudding
    und 50 g Mascarpone light)
100 g Topfen (Quark), 10 %
2–3 TL Stevia-Granulat
2 EL Whisky oder Rum
50 ml schwarzen Kaffee
2 ½ Blatt Gelatine

Backofen auf 180 Grad
    vorheizen.

Stücke	20
Vorbereitung	30 Minuten
Backzeit	ca. 35 Minuten
Ruhezeit	4–5 Stunden
Form	Springform eckig, 24 x 24 cm
Pro Stück	ca. 76 kcal

Fruchtige Weintraubenschnitten

Zutaten:

200 g kernlose Weintrauben

85 g Butter

4–5 TL Stevia-Granulat

½ TL Bourbon-Vanillepulver

2 EL Rum

60 g Soja- oder Hafercreme

230 g Vollkorn-Kamutmehl

40 g gemahlene Mandeln

1 Pkg. Weinsteinbackpulver

1 EL (8 g) Johannisbrotkernmehl

100 ml Mineralwasser

Backofen auf 175 Grad
vorheizen.

1) Weintrauben waschen, halbieren und auf die Seite stellen. Butter, Stevia und Vanillepulver glatt rühren. Anschließend Rum und Sojacreme unterrühren.

2) Mehl, Mandeln, Backpulver und Johannisbrotkernmehl vermengen und mit der Buttermasse vermischen. Anschließend Mineralwasser unterrühren, bis ein glatter Teig entsteht.

3) In die Form füllen, Teigoberfläche mit Weintrauben belegen und im vorgeheizten Backofen bei 175 Grad 40 bis 45 Minuten backen.

Stücke	20
Vorbereitung	15 Minuten
Backzeit	40–45 Minuten
Form	Springform eckig, 24 x 24 cm
Pro Stück	ca. 96 kcal

Ohne Ei   Milchfrei   Vegan

Kirschen-Schoko-Duett

1) Eier trennen. Eiweiß zu Schnee schlagen und auf die Seite stellen. Butter erwärmen, bis sie flüssig ist, auskühlen lassen.

2) Schokolade grob hacken. Kirschen halbieren, in Scheiben schneiden und mit einem Küchenpapier trocken tupfen.

3) Topfen (Quark), Eigelb, Öl, Vanillepulver, Stevia und Kirschlikör bzw. Rum glatt rühren. Zum Schluss flüssige Butter unterrühren.

4) Mehl, Haselnüsse und Backpulver vermengen und mit der Teigmasse vermischen. Anschließend Schokolade und Kirschen unter den Teig mischen. Steif geschlagenes Eiweiß unterheben und im vorgeheizten Backofen bei 180 Grad 40 bis 45 Minuten backen.

Zutaten:

3 Eier
50 g Butter
50 g Bitter- oder Stevia-Schokolade
100 g entkernte Kirschen
100 g Topfen (Quark), 10 %
1 EL Nussöl oder neutrales Öl
½ TL Bourbon-Vanillepulver
4 TL Stevia-Granulat
2 EL Kirschlikör oder Rum
140 g Vollkorn-Dinkelmehl
40 g gemahlene Haselnüsse oder Mandeln
1 Pkg. Weinsteinbackpulver

Backofen auf 180 Grad vorheizen.

Stücke	14
Vorbereitung	20 Minuten
Form	Kastenform, 24 cm
Backzeit	40–45 Minuten
Pro Stück	ca. 127 kcal

Marillen-Mousse-Schnitten

Boden:

1) Margarine, Öl, Vanillepulver, Zitronenschale und Stevia glatt rühren. Mehl, Aprikosenkerne, Backpulver und Johannisbrotkernmehl vermengen und mit der Teigmasse vermischen. Anschließend Sojamilch unterrühren, bis ein glatter Teig entsteht.

2) In die Form füllen und im vorgeheizten Backofen bei 180 Grad ca. 45 Minuten backen, vollständig auskühlen lassen. Mit Marmelade bestreichen.

Creme:

1) Sojasahne schlagen und zur Seite stellen. Marillen (Aprikosen) waschen, entkernen, vierteln und mit Marillenlikör (Aprikosenlikör) und Zitronensaft vermischen. Zugedeckt ziehen lassen, bis der Kuchen ausgekühlt ist.

2) Stevia im Wasser vermischen und marinierte Marillen darin weich kochen, bis die Früchte zerfallen. Anschließend Agar-Agar unterrühren und pürieren. Auf kleiner Stufe 2 bis 3 Minuten köcheln lassen und vom Herd nehmen. Leicht auskühlen lassen und mit der Sojasahne vermengen.

3) Tortenboden in die Springform legen und Creme einfüllen. Im Kühlschrank ca. 2 Stunden fest werden lassen und kühl aufbewahren.

Boden:

80 g Pflanzenmargarine
2 EL Öl
½ TL Bourbon-Vanillepulver
Schale von ½ Zitrone
5 TL Stevia-Granulat
210 g Vollkorn-Kamutmehl oder
   Vollkorn-Dinkelmehl
50 g gemahlene Aprikosenkerne
   oder Mandeln
1 Pkg. Weinsteinbackpulver
1 EL (8 g) Johannisbrotkernmehl
200 ml Soja- oder Hafermilch
Marillenmarmelade (Aprikosenmarmelade), mit Stevia
   gesüßt, zum Bestreichen

Creme:

100 g Sojasahne
400 g entkernte Marillen
   (Aprikosen)
3 EL Marillenlikör (Aprikosenlikör)
Saft von ½ Zitrone
50 ml Wasser
3–4 TL Stevia-Granulat
1 TL Agar-Agar

Backofen auf 180 Grad
   vorheizen.

Stücke	20
Vorbereitung	30 Minuten
Form	Springform eckig, 24 x 24 cm
Backzeit	ca. 45 Minuten
Ruhezeit	ca. 2 Stunden
Pro Stück	ca. 108 kcal

Ohne Ei · Milchfrei · Vegan

Klassischer Rehrücken

Zutaten:

4 Eier
60 g Butter
80 g Topfen (Quark), 10 %
2 EL Öl
½ TL Bourbon-Vanillepulver
4–5 TL Stevia-Granulat
2 EL Rum
70 g Sojacreme
100 g Vollkorn-Dinkelmehl
30 g grob geraspelte Stevia-
   Schokolade
1 ½ EL Kakao
60 g gemahlene Mandeln
1 Pkg. Weinsteinbackpulver
40 g Stevia-Schokolade oder
   Bitterkuvertüre
15 g Kokosfett
Mandelstifte zum Spicken

Backofen auf 180 Grad
   vorheizen.

1) Eier trennen. Eiweiß zu Schnee schlagen und auf die Seite stellen. Butter erwärmen, bis sie flüssig ist, auskühlen lassen. Eigelb, Topfen (Quark), Öl, Vanillepulver, Stevia und Rum glatt rühren, anschließend flüssige Butter und Sojacreme unterrühren.

2) Mehl, Schokolade, Kakao, Mandeln und Backpulver vermengen und mit der Eigelbmasse vermischen. Steif geschlagenes Eiweiß unterheben und in die Form füllen. Im vorgeheizten Backofen bei 180 Grad ca. 30 Minuten backen und vollständig auskühlen lassen.

3) Kuvertüre und Kokosfett im Wasserbad erwärmen, bis sie flüssig sind. Kuchen mit Schokolade überziehen und mit Mandelstiften „spicken".

Stücke	18
Vorbereitung	20 Minuten
Backzeit	ca. 30 Minuten
Form	Rehrückenform, 30 cm
Pro Stück	ca. 124 kcal

Saftiger Zucchini-Cake

1) Zucchini waschen, grob raspeln und trocken tupfen. Eier trennen. Eiweiß zu Schnee schlagen und zur Seite stellen.

2) Margarine, Öl, Zitronenschale, Stevia und Vanillepulver glatt rühren. Langsam Eigelb und Joghurt unterrühren und mit den Zucchini vermischen.

3) Mehl, Mandeln und Backpulver vermengen, mit der Masse vermischen und steif geschlagenes Eiweiß unterheben. In die Form füllen, mit Zucchini belegen und im vorgeheizten Backofen bei 180 Grad ca. 55 Minuten backen.

Zutaten:

170 g gelbe und grüne Zucchini
3 Eier
80 g Pflanzenmargarine
2 EL Öl
Schale von 1 Zitrone
5–6 TL Stevia-Granulat
½ TL Bourbon-Vanillepulver
70 g Sojajoghurt
190 g Vollkorn-Einkornmehl
   oder Vollkorn-Dinkelmehl
50 g gemahlene Mandeln
1 Pkg. Weinsteinbackpulver
2 EL geraspelte Zucchini zum
   Belegen

Backofen auf 180 Grad
   vorheizen.

Stücke	14
Vorbereitung	20 Minuten
Backzeit	ca. 50–55 Minuten
Form	Kastenform, 24 cm
Pro Stück	ca. 135 kcal

Ohne Ei    **Milchfrei**   **Vegan**

Russische Schnitten

Zutaten:

90 g Butter

1 EL Öl

4 TL Stevia-Granulat

4 Eigelb

220 g Vollkorn-Einkornmehl
oder Vollkorn-Dinkelmehl

1 Pkg. Weinsteinbackpulver

200 ml Marmelade (mit Stevia
gesüßt) zum Bestreichen

4 Eiweiß

3 TL Stevia-Granulat

100 g Kokosraspeln

Schale von ½ Zitrone

Backofen auf 180 Grad
vorheizen.

1) Butter, Öl und Stevia glatt rühren und langsam Eigelb unterrühren. Mehl und Backpulver vermengen, mit der Buttermasse vermischen, bis ein glatter Teig entsteht. Anschließend den Teig in die Form füllen, mit der Hand gleichmäßig ausstreichen und mit Marmelade bestreichen.

2) Eiweiß, Stevia und Zitronenschale zu Schnee schlagen und Kokosraspeln vorsichtig unterheben. Schneemasse auf den Kuchenboden gleichmäßig verteilen und im vorgeheizten Backofen bei 180 Grad ca. 30 Minuten backen.

TIPP: Probieren Sie anstelle der Kokosraspeln und Zitronenschale eine Nuss-Rosinen-Rum-Mischung. Dazu 2 EL Rum und 2 EL Rosinen 1 bis 2 Stunden ziehen lassen. Rosinen mit 80 g Nüssen vermischen und Eischnee unterheben.

Stücke	20
Vorbereitung	15 Minuten
Backzeit	ca. 30 Minuten
Form	Springform eckig, 24 x 24 cm
Pro Stück	ca. 123 kcal

Torten
&
Muffins

Mohntorte mit fruchtiger Beerencreme

Boden:

3 Eier

70 g Butter

2 EL Mohnöl oder neutrales Öl

60 g Magertopfen (Magerquark)

½ TL Bourbon-Vanillepulver

4–5 TL Stevia-Granulat

110 g Vollkorn-Dinkelmehl oder
Vollkorn-Weizenmehl

60 g gemahlener Mohn

1 Pkg. Weinsteinbackpulver

40 ml Mineralwasser

Creme:

700 g gemischte Beeren
(Tiefkühlware)

4 TL Stevia-Granulat

1 TL Bourbon-Vanillepulver

80 g Sojacreme

2 TL Agar-Agar

Backofen auf 180 Grad
vorheizen.

Boden:

1) Eier trennen. Eiweiß zu Schnee schlagen und zur Seite stellen. Eigelb, Butter, Öl, Topfen (Quark), Vanillepulver und Stevia glatt rühren.

2) Mehl, Mohn und Backpulver vermengen und mit der Teigmasse vermischen. Anschließend Mineralwasser unterrühren und steif geschlagenes Eiweiß unterheben. Im vorgeheizten Backofen bei 180 Grad 35 bis 40 Minuten backen und vollständig auskühlen lassen.

Creme:

1) Gemischte Beeren in einen Topf geben, mit Stevia und Vanillepulver vermengen. Die Früchte auf mittlerer Stufe weich kochen. Anschließend Agar-Agar unterrühren und 2 bis 3 Minuten köcheln lassen, währenddessen umrühren. Vom Herd nehmen und mit Sojacreme vermischen. Auskühlen lassen, bis die Masse leicht dickflüssig ist.

2) Tortenboden in die Springform legen und Creme einfüllen. Im Kühlschrank 1 bis 2 Stunden fest werden lassen und kühl aufbewahren.

TIPP: Wenn Sie frische Beeren verwenden möchten, dann diese in 150 ml Wasser weich kochen.

Stücke	12
Vorbereitung	25 Minuten
Backzeit	35–40 Minuten
Form	Tortenspringform, Ø 22 cm
Ruhezeit	1–2 Stunden
Pro Stück	ca. 168 kcal

Maulwurftorte

Boden:

1) Eier trennen. Eiweiß zu Schnee schlagen und auf die Seite stellen. Butter, Stevia und Vanillepulver glatt rühren, langsam Eigelb und Sojacreme unterrühren.

2) Mehl, Mandeln und Backpulver vermengen, mit der Eigelbmasse vermischen und das steif geschlagene Eiweiß unterheben. Im vorgeheizten Backofen bei 180 Grad 35 bis 40 Minuten backen und vollständig auskühlen lassen.

3) Den Tortenboden so aushöhlen, dass ein 2 bis 3 cm hoher Rand stehen bleibt. Kuchenbröseln, die beim Aushöhlen anfallen, auf die Seite geben.

Creme:

1) Sojasahne schlagen und zur Seite stellen. Topfen (Quark), Kakao, Stevia und Vanillepulver glatt rühren und mit Sojasahne vermengen.

2) Bananen in dünne Scheiben schneiden, mit Zitronensaft beträufeln und den ausgehöhlten Tortenboden mit Bananen belegen. Creme hügelförmig auf den Tortenboden streichen und mit Kuchenbröseln bedecken. Mindestens 7 Stunden in den Kühlschrank stellen, bis die Creme schnittfest ist. Am besten am Vortag zubereiten.

Boden:

4 Eier
80 g Butter
5 TL Stevia-Granulat
1 TL Bourbon-Vanillepulver
90 g Sojacreme
100 g gemahlene Mandeln
90 g Vollkorn-Weizenmehl oder
   Vollkorn-Dinkelmehl
1 Pkg. Weinsteinbackpulver

Creme:

200 g Sojasahne
250 g Magertopfen
   (Magerquark)
1 ½ EL Kakao
2–3 TL Stevia-Granulat
1 TL Bourbon-Vanillepulver
1 Banane
1 EL Zitronensaft

Backofen auf 180 Grad
   vorheizen.

Stücke	12
Vorbereitung	30 Minuten
Backzeit	35–40 Minuten
Ruhezeit	ca. 7 Stunden
Form	Tortenform, Ø 22 cm
Pro Stück	ca. 213 kcal

Bananen-Schoko-Tarte

Boden:

240 g Vollkorn-Weizenmehl
  oder Vollkorn-Dinkelmehl
4 TL Stevia-Granulat
I EL Öl
80 g Butter
50 ml Wasser

Belag:

65 g grob geraspelte Stevia-
  oder Bitterschokolade
3 in dünne Scheiben
  geschnittene Bananen
200 g Sojacreme
3–4 TL Stevia-Granulat
I TL Bourbon-Vanillepulver
I großes Ei
Mandelsplitter zum Bestreuen

Backofen auf 200 Grad
  vorheizen.

Boden:

1) Mehl und Stevia vermischen. Butter in kleine Stücke schneiden, in den Teig einarbeiten und Öl untermischen. Anschließend Wasser dazugeben und zu einem glatten Teig verarbeiten. 1 Stunde im Kühlschrank ruhen lassen. Teig ausrollen und in die Form legen. Den Rand 2 bis 3 cm auslegen und mit einer Gabel mehrmals in den Tortenboden einstechen.

Belag:

1) Schokoraspeln auf dem Teig verteilen und mit Bananen belegen. Sojacreme, Stevia, Vanillepulver und Ei versprudeln und über die Bananen gießen. Mit Mandelsplittern bestreuen und im vorgeheizten Backofen bei 200 Grad 30 bis 35 Minuten backen.

Stücke	12
Vorbereitung	25 Minuten
Ruhezeit	1 Stunde
Backzeit	30–35 Minuten
Form	Tarte, Ø 24 cm
Pro Stück	ca. 198 kcal

Bärenstarke Cakes

(für Kindergeburtstage)

1) Eier trennen. Eiweiß zu Schnee schlagen und zur Seite stellen. Butter erwärmen, bis sie flüssig ist, leicht auskühlen lassen.

2) Eigelb, Stevia, Topfen (Quark) und Orangenschale glatt rühren. Anschließend flüssige Butter unterrühren.

3) Mehl, Mandeln und Backpulver vermengen und mit der Eigelbmasse vermischen. Steif geschlagenes Eiweiß unterheben, in – wenn vorhanden – Bärenförmchen füllen und im vorgeheizten Backofen bei 180 Grad ca. 20 Minuten backen.

TIPP: Sie können auch statt der Bärenförmchen Muffinformen verwenden. Rechnen Sie mit ca. 8 Stück, die Backzeit verlängert sich um ca. 5 Minuten.

Zutaten:

2 Eier
50 g Butter
4 TL Stevia-Granulat
120 g Magertopfen (Magerquark)
Schale von einer Orange oder 4–6 Tropfen Orangenöl
55 g Vollkorn-Einkornmehl oder Vollkorn-Dinkelmehl
40 g gemahlene Mandeln
½ Pkg. Backpulver

Backofen auf 180 Grad vorheizen.

Stücke	4
Vorbereitung	10 Minuten
Backzeit	ca. 20 Minuten
Form	4 Bärenformen, 13 x 13 cm
Pro Stück	ca. 260 kcal

Erdbeer-Tarte

Boden:

3 Eier
80 g Butter
I EL Öl
4 TL Stevia-Granulat
190 g Vollkorn-Kamutmehl
30 g gemahlene Mandeln
I Pkg. Weinsteinbackpulver
50 g Sojacreme
50 ml Mineralwasser

Creme:

200 g Erdbeeren
170 g Sojasahne
220 g Magertopfen
   (Magerquark)
3 TL Stevia-Granulat
300 g Erdbeeren zum Belegen
I Pkg. Tortengelee

Backofen auf 180 Grad
   vorheizen.

Boden:

1) Eier trennen. Eiweiß zu Schnee schlagen und auf die Seite stellen. Butter, Öl und Stevia glatt rühren und langsam Eigelb unterrühren.

2) Mehl, Mandeln und Backpulver vermengen und mit der Eigelbmasse vermischen. Sojacreme und Mineralwasser hinzufügen, bis ein glatter Teig entsteht. Anschließend steif geschlagenes Eiweiß unterheben und in die Form füllen. Im vorgeheizten Backofen bei 180 Grad 25 bis 30 Minuten backen und vollständig auskühlen lassen.

Creme:

1) Erdbeeren waschen, Stiel entfernen und Erdbeeren pürieren. Sojasahne schlagen und auf die Seite stellen. Topfen (Quark), Stevia und pürierte Erdbeeren glatt rühren und mit geschlagener Sojasahne vermengen.

2) Erdbeeren in dünne Scheiben schneiden und Tortenboden mit ca. 100 g Erdbeeren belegen. Creme einfüllen, gleichmäßig verteilen und mit restlichen Erdbeeren bedecken.

3) Anschließend Tortengelee laut Packungsangabe zubereiten und Torte gleichmäßig überziehen. 5 bis 6 Stunden in den Kühlschrank stellen.

Stücke	12
Vorbereitung	30 Minuten
Backzeit	25–30 Minuten
Ruhezeit	5–6 Stunden
Form	Tarte, Ø 24 cm
Pro Stück	ca. 190 kcal

TIPP: Für eine Obsttorte ohne Creme den Tortenboden mit steviagesüßter Marmelade bestreichen, mit Obst nach Wahl belegen und mit Tortengelee überziehen. (Ein Stück entspricht ca. 148 kcal.)

Blumentörtchen mit Haselnüssen

Zutaten:

50 g Butter
150 g Vollkorn-Dinkelmehl
½ Pkg. Weinsteinbackpulver
½ TL Bourbon-Vanillepulver
4–5 TL Stevia-Granulat
50 g gemahlene Haselnüsse
30 g gehackte Haselnüsse
2 EL Haselnussöl oder neutrales
   Öl
150 g Soja- oder Hafercreme
3 EL Mineralwasser
2 EL gehackte Haselnüsse zum
   Bestreuen

Backofen auf 180 Grad
   vorheizen.

1) Butter erwärmen, bis sie flüssig ist, auskühlen lassen. Mehl, Backpulver, Vanillepulver, Stevia, gemahlene und gehackte Haselnüsse vermengen.

2) Anschließend flüssige Butter, Haselnussöl, Sojacreme und Mineralwasser hinzufügen und zu einem glatten Teig verrühren. Blumenförmchen (oder alternativ Muffinförmchen) mit gehackten Haselnüssen bestreuen, Teig einfüllen und im vorgeheizten Backofen bei 180 Grad 35 bis 40 Minuten backen.

Stücke	9
Zubereitung	10 Minuten
Backzeit	35–40 Minuten
Form	Blumenförmchen, Ø 7,5 cm
Pro Stück	ca. 194 kcal

 Ohne Ei   **Milchfrei**   **Vegan**

Kiwitorte

Boden:

1) Eier trennen. Eiweiß zu Schnee schlagen und auf die Seite stellen. Butter, Öl, Topfen (Quark), Eigelb, Stevia und Zitronenschale glatt rühren. Mehl, Mandeln und Backpulver vermengen und mit der Teigmasse vermischen. Anschließend Milch untermischen, bis ein geschmeidiger Teig entsteht.

2) Das steif geschlagene Eiweiß unterheben und im vorgeheizten Backofen bei 180 Grad ca. 35 Minuten backen. Vollständig auskühlen lassen.

Creme:

1) 2 Stück Kiwi schälen, in dünne Scheiben schneiden, halbieren und zur Seite stellen. 6 Stück Kiwi schälen und in Würfel schneiden. Wasser in einen Topf füllen, mit Stevia und Zitronensaft vermischen. Gewürfelte Kiwi hinzufügen und weich kochen, bis die Früchte zerfallen (dauert ca. 5 Minuten).

2) Anschließend Agar-Agar unterrühren und Kiwis pürieren. 2 bis 3 Minuten köcheln lassen, vom Herd nehmen, auskühlen lassen, bis die Masse leicht dickflüssig ist. Mit Sojacreme vermischen.

3) Tortenboden in die Springform legen und Creme einfüllen. Nach ca. 10 Minuten, wenn die Creme noch nicht ganz fest ist, mit den in Scheiben geschnittenen Kiwis im Kreis belegen und im Kühlschrank ca. 2 Stunden fest werden lassen.

Boden:

3 Eier
75 g Butter
1 EL Öl
100 g Topfen (Quark), 10 %
4–5 TL Stevia-Granulat
Schale von ½ Zitrone
150 g Vollkorn-Kamutmehl oder Vollkorn-Dinkelmehl
50 g gemahlene Mandeln
1 Pkg. Weinsteinbackpulver
80 ml Milch oder Sojamilch

Creme:

8 Stück Kiwi (ca. 700 g)
150 ml Wasser
3 TL Stevia-Granulat
1 TL Zitronensaft
50 ml Sojacreme
1 ½ TL Agar-Agar

Backofen auf 180 Grad vorheizen.

Stücke	12
Vorbereitung	25 Minuten
Backzeit	ca. 35 Minuten
Ruhezeit	ca. 2 Stunden
Form	Tortenspringform, Ø 22 cm
Pro Stück	ca. 178 kcal

Gedeckte Apfeltorte

Zutaten:

80 g Pflanzenmargarine

5 TL Stevia-Granulat

1 TL Zimtpulver

1 Msp. Nelkenpulver

30 ml Mandelöl oder neutrales
 Öl

3 EL Rum

300 g Vollkorn-Einkornmehl
 oder Vollkorn-Dinkelmehl

40 g gemahlene Mandeln

1 EL (8 g) Johannisbrotkernmehl

1 Pkg. Weinsteinbackpulver

300 ml Soja- oder Mandelmilch

Belag:

2 Äpfel

Zitronensaft und -schale
 von ½ Zitrone

½ TL Zimtpulver

gehobelte Mandeln zum
 Bestreuen

Backofen auf 180 Grad
 vorheizen.

1) Für den Belag die Äpfel grob raspeln, mit Zimt, Zitronenschale und -saft vermischen und zur Seite stellen.

2) Margarine, Stevia, Zimt, Nelkenpulver, Öl und Rum glatt rühren. Mehl, Mandeln, Johannisbrotkernmehl und Backpulver vermengen und mit der Masse vermischen. Langsam Sojamilch hinzufügen, bis ein glatter Teig entsteht.

3) Zwei Drittel der Teigmasse in die Form füllen, mit der Apfelmasse belegen und mit dem restlichen Teig bedecken. (Der Teig ist leicht zäh und die Torte ist nicht ganz bedeckt). Im vorgeheizten Backofen bei 180 Grad 45 bis 50 Minuten backen.

Tipp: Die Torte nach dem Auskühlen mit Marmelade bestreichen und mit gehobelten Mandeln bestreuen.

Stücke............12

Vorbereitung......20 Minuten

Backzeit............45–50 Minuten

Form.................Tortenform, Ø 22 cm

Pro Stück.........ca. 189 kcal

 Ohne Ei  Milchfrei   Vegan

Malakofftorte mit Zwieback

1) Sojasahne schlagen und auf die Seite stellen. Topfen (Quark), Pudding, Vanillepulver, Stevia, Kaffee und Rum glatt rühren. Anschließend mit Sojasahne vermengen und 30 Minuten in den Kühlschrank stellen.

2) Zwieback halbieren. Kaffee mit Stevia und Rum vermischen und den Zwieback in Kaffee tunken. Rand und Boden der Tortenform mit Zwieback auslegen. Anschließend etwas weniger als die Hälfte der Creme aufstreichen, Vorgang wiederholen und mit Creme abschließen. (3 x Zwieback und 3 x Creme, wobei die obere Creme dünner aufgetragen wird.)

3) Mindestens 6 Stunden kalt stellen und mit geriebener Schokolade oder Kakao bestreuen.

TIPP: Wenn Sie die Malakofftorte schon am Vortag zubereiten, wird sie schnittfester.

Creme:

250 g Sojasahne

250 g Magertopfen (Magerquark)

350 g kalter und fester Vanillepudding (entspricht 1 Pkg. Puddingpulver mit 350 ml Mager- oder Sojamilch und 1 TL Stevia zubereitet)

½ TL Bourbon-Vanillepulver

3–4 TL Stevia-Granulat

2 EL schwarzer Kaffee

1 EL Rum

1 ½ Pkg. (280 g) ungesüßter Vollkorn-Dinkelzwieback

350 ml schwarzer Kaffee

1–1 ½ TL Stevia-Granulat

3 EL Rum

geriebene Schokolade oder Kakao zum Bestreuen

Stücke	12
Vorbereitung	30 Minuten
Ruhezeit	ca. 6 Stunden
Form	Tortenspringform, Ø 22 cm
Pro Stück	ca. 176 kcal

Ohne Ei   Milchfrei   Vegan

Birnentraum

Zutaten:

1 Birne (ca. 250 g)
Schale und Saft von ½ Zitrone
60 g Butter
3 Eier
170 g Topfen (Quark), 10 %
1 EL Öl
1 TL Bourbon-Vanillepulver
1 TL Zimtpulver
4 TL Stevia-Granulat
90 g Sojacreme
140 g Vollkorn-Einkornmehl
  oder Vollkorn-Dinkelmehl
50 g gemahlene Mandeln
1 Pkg. Weinsteinbackpulver
1 TL flüssige Butter oder Öl
  zum Bestreichen

Backofen auf 180 Grad
  vorheizen.

1) Birne schälen, halbieren, entkernen, in dünne Scheiben schneiden und mit Zitronensaft beträufeln. Butter erwärmen, bis sie flüssig ist, auskühlen lassen.

2) Eier trennen. Eiweiß zu Schnee schlagen und auf die Seite stellen. Eigelb, Topfen (Quark), Öl, Zitronenschale, Vanillepulver, Zimt und Stevia schaumig schlagen. Langsam Sojacreme und flüssige Butter unterrühren.

3) Mehl, Mandeln und Backpulver vermengen, mit der Teigmasse vermischen und das steif geschlagene Eiweiß unterheben. In die Form füllen, mit Birnenspalten im Kreis belegen und im vorgeheizten Backofen bei 180 Grad 45 bis 50 Minuten backen. Auskühlen lassen und Birnen mit flüssiger Butter oder Öl bestreichen.

Stücke	12
Vorbereitung	20 Minuten
Backzeit	45–50 Minuten
Form	Tortenform, Ø 22 cm
Pro Stück	ca. 163 kcal

Kürbiskerntorte

1) Butter erwärmen, bis sie flüssig ist, auskühlen lassen. Eier trennen. Eiweiß zu Schnee schlagen und auf die Seite stellen. Eigelb, Topfen (Quark), Kürbiskernöl, Nelkenpulver und Stevia glatt rühren. Anschließend Sojacreme und flüssige Butter unterrühren.

2) Mehl, gemahlene Kürbiskerne, Mandeln und Backpulver vermengen und mit der Eigelbmasse vermischen. Das steif geschlagene Eiweiß unterheben und in die Form füllen. Mit Kürbiskernen bestreuen und im vorgeheizten Backofen bei 180 Grad 30 bis 35 Minuten backen.

Zutaten:

70 g Butter

4 Eier

100 g Topfen (Quark), 10 %

2 EL Kürbiskernöl

1 Msp. Nelkenpulver

4–5 TL Stevia-Granulat

100 g Sojacreme

110 g Vollkorn-Dinkelmehl

50 g gemahlene Kürbiskerne

50 g gemahlene Mandeln

1 Pkg. Weinsteinbackpulver

2 EL ganze Kürbiskerne zum Bestreuen

Backofen auf 180 Grad vorheizen.

Stücke	12
Vorbereitung	20 Minuten
Backzeit	30–35 Minuten
Form	Tortenform, Ø 22 cm
Pro Stück	ca. 180 kcal

Festliche Nougattorte

Boden:

- 3 Eier
- 3 EL Haselnussöl od. neutrales Öl
- 40 g Sojacreme
- 3–4 TL Stevia-Granulat
- 1 EL Rum
- 2 EL Kakao
- ½ TL Bourbon-Vanillepulver
- 90 g Vollkorn-Dinkelmehl
- 40 g gemahlene Haselnüsse
- 1 Pkg. Weinsteinbackpulver
- 40 ml Mineralwasser

Creme:

- 200 g Sojasahne
- 250 g Qimiq Natur (ersatzweise 180 g Rama Cremefine zum Kochen (15 %) und 70 g Mascarpone light)
- 2 ½ EL Kakao
- 2 EL Haselnussmus
- 2–3 TL Stevia-Granulat
- ½ TL Bourbon-Vanillepulver
- 1 EL Rum
- 2 ½ Blatt Gelatine

Backofen auf 180 Grad vorheizen.

Boden:

1) Eier trennen. Eiweiß zu Schnee schlagen und auf die Seite stellen. Eigelb, Öl, Sojacreme, Stevia, Rum, Kakao und Vanillepulver glatt rühren.

2) Mehl, Haselnüsse und Backpulver vermengen, mit der Eigelbmasse vermischen und zum Schluss Mineralwasser unterrühren.

3) Anschließend steif geschlagenes Eiweiß unterheben, in die Form füllen und im vorgeheizten Backofen bei 180 Grad 25 bis 30 Minuten backen. Vollständig auskühlen lassen.

Creme:

1) Sojasahne schlagen und zur Seite stellen. Alle Zutaten (außer Gelatine) glatt rühren und mit Sojasahne vermengen.

2) Gelatine in kaltem Wasser einweichen, ausdrücken und in einen Topf geben. Auf kleiner Stufe erwärmen, bis sie vollständig aufgelöst ist. Anschließend mit einem Handmixer in der Creme gleichmäßig verteilen.

3) Tortenboden in die Springform legen, Creme einfüllen und glatt streichen. Im Kühlschrank 5 bis 6 Stunden fest werden lassen und kühl aufbewahren.

TIPP: Mit geriebener Schokolade bestreuen oder mit Schokoplättchen belegen.

Stücke	12
Vorbereitung	25 Minuten
Backzeit	25–20 Minuten
Ruhezeit	5–6 Stunden
Form	Tortenspringform, Ø 22 cm
Pro Stück	ca. 189 kcal

Marmorgugelhupf

Zutaten:

3 Eier

80 g Butter

100 g Topfen (Quark), 10 %

1 EL Öl

5–6 TL Stevia-Granulat

1 TL Bourbon-Vanillepulver

1 TL Zimtpulver

2 EL Rum

100 g Soja- oder Hafercreme

180 g Vollkorn-Dinkelmehl

50 g gemahlene Walnüsse oder
   Haselnüsse

1 Pkg. Weinsteinbackpulver

3 EL Mineralwasser

1 ½ EL Kakao

Backofen auf 180 Grad
   vorheizen.

1) Eier trennen. Eiweiß zu Schnee schlagen und auf die Seite stellen. Butter, Topfen (Quark), Öl, Stevia, Vanillepulver, Zimt und Rum glatt rühren. Langsam Eigelb und Sojacreme unterrühren.

2) Mehl, Walnüsse und Backpulver vermengen und mit der Eigelbmasse verrühren. Anschließend 2 EL Mineralwasser dazugeben und vermischen. Ein Drittel der Teigmasse in eine zweite Schüssel geben, Kakao hinzufügen und mit 1 EL Mineralwasser verrühren.

3) Steif geschlagenes Eiweiß in beiden Teigmassen mengengleich verteilen und unterheben. Abwechselnd helle und dunkle Teigmasse in die Form füllen und im vorgeheizten Backofen bei 180 Grad ca. 40 Minuten backen.

Stücke	16
Vorbereitung	15 Minuten
Backzeit	ca. 40 Minuten
Form	Gugelhupfform, Ø 22 cm
Pro Stück	ca. 133 kcal

Buttermilchmuffins mit Pistazien

1) Butter erwärmen, bis sie flüssig ist, auskühlen lassen. Mehl, Mandeln, Kokosraspeln, Stevia, Pistazien, Backpulver und Zitronenschale vermengen. Anschließend die Masse mit flüssiger Butter und Buttermilch zu einem glatten Teig verrühren.

2) Teig in Muffinförmen füllen, mit Pistazien bestreuen und im vorgeheizten Backofen bei 180 Grad ca. 30 Minuten backen.

Zutaten:

40 g Butter
200 g Vollkorn-Kamutmehl
30 g gemahlene Mandeln
2 EL Kokosraspeln
4 TL Stevia-Granulat
20 g gehackte Pistazien
½ Pkg. Weinsteinbackpulver
Schale von ½ Zitrone
250 ml Buttermilch
Pistazien zum Bestreuen

Backofen auf 180 Grad
vorheizen.

Stücke	9
Vorbereitung	10 Minuten
Backzeit	ca. 30 Minuten
Form	Muffinformen
Pro Stück	ca. 153 kcal

 Ohne Ei   **Milchfrei**   **Vegan**

Zitronen-Pastinaken-Muffins

Zutaten:

220 g geschälte Pastinaken
1 TL Zitronensaft
75 g Pflanzenmargarine
200 g Vollkorn-Kamutmehl
50 g gemahlene Mandeln
5 TL Stevia-Granulat
1 Pkg. Weinsteinbackpulver
Zitronenschale von 2 Zitronen
150 g Sojajoghurt
25 ml Wasser (von den
  gekochten Pastinaken
  verwenden)

Backofen auf 180 Grad
  vorheizen.

1) Geschälte Pastinaken in Würfel schneiden und mit Zitronensaft 10 bis 15 Minuten weich kochen. Aus dem Wasser nehmen und pürieren. Margarine erwärmen, bis sie flüssig ist. Margarine und Pastinakenpüree auskühlen lassen.

2) Mehl, Mandeln, Stevia, Backpulver und Zitronenschale vermengen, mit Pastinakenpüree und flüssiger Margarine vermischen. Anschließend Sojajoghurt und Wasser unterrühren, bis ein geschmeidiger Teig entsteht.

3) In Muffinformen füllen und im vorgeheizten Backofen bei 180 Grad 40 bis 45 Minuten backen.

Stücke	12
Vorbereitung	15 Minuten
Backzeit	ca. 40–45 Minuten
Form	Muffinformen
Pro Stück	ca. 130 kcal

 Ohne Ei  Milchfrei Vegan

Heidelbeertörtchen

1) Margarine erwärmen, bis sie flüssig ist, auskühlen lassen. Mehl, Mandeln, Vanillepulver, Stevia und Backpulver vermengen.

2) Anschließend mit flüssiger Margarine, Sojacreme und Mineralwasser zu einem glatten Teig verrühren. 50 g Heidelbeeren vorsichtig in den Teig einarbeiten und in kleine Tortenförmchen füllen.

3) Teigoberfläche mit restlichen Heidelbeeren belegen, leicht andrücken und im vorgeheizten Backofen bei 180 Grad ca. 35 Minuten backen.

Tipp: Wer es gerne etwas säuerlicher möchte, kann die Heidelbeeren auch mit Himbeeren mischen.

Zutaten:

45 g Pflanzenmargarine
   oder Butter
190g Vollkorn-Einkornmehl oder
   Vollkorn-Dinkelmehl
30 g gemahlene Mandeln
1 TL Bourbon-Vanillepulver
4 TL Stevia-Granulat
1 Pkg. Weinsteinbackpulver
120 g Soja- oder Hafercreme
2 EL Mineralwasser
170 g Heidelbeeren

Backofen auf 180 Grad
   vorheizen.

Stücke	8
Vorbereitung	10 Minuten
Backzeit	ca. 35 Minuten
Form	Tortenförmchen, Ø 7 cm
Pro Stück	ca. 172 kcal

 Ohne Ei    Milchfrei   Vegan

Mandeltorte

Zutaten:

3 Eier

70 g Butter

1 EL Mandelöl oder neutrales Öl

1 EL Mandelmus

80 g Topfen (Quark), 10 %

½ TL Bourbon-Vanillepulver

5 TL Stevia-Granulat

1 EL Rum

3–5 Tropfen Bittermandelextrakt

60 g Soja- oder Hafercreme

100 g Vollkorn-Einkornmehl
    oder Vollkorn-Dinkelmehl

110 g gemahlene Mandeln

1 Pkg. Weinsteinbackpulver

1 TL Mandelmus und 2–3 EL
    Wasser zum Bestreichen

20 g gehobelte Mandelblätter
    zum Bestreuen

Backofen auf 180 Grad
    vorheizen.

1) Eier trennen. Eiweiß zu Schnee schlagen und auf die Seite stellen. Butter erwärmen, bis sie flüssig ist, auskühlen lassen. Eigelb, Mandelöl, Mandelmus, Topfen (Quark), Vanillepulver, Stevia, Rum und Bittermandelextrakt glatt rühren. Anschließend Sojacreme und flüssige Butter unterrühren.

2) Mehl, Mandeln und Backpulver vermengen, mit der Eigelbmasse vermischen und steif geschlagenes Eiweiß unterheben. Masse in die Form füllen und im vorgeheizten Backofen bei 180 Grad ca. 35 Minuten backen. Vollständig auskühlen lassen.

3) Mandelblätter ohne Fett hellbraun rösten, Mandelmus mit Wasser verdünnen. Torte mit Mandelmus bestreichen und mit Mandelblättern bestreuen.

TIPP: Statt Mandelmus können Sie zum Bestreichen auch mit Stevia gesüßte Marmelade nehmen.

Stücke	12
Vorbereitung	20 Minuten
Backzeit	ca. 35 Minuten
Form	Tortenform, Ø 22 cm
Pro Stück	ca. 186 kcal

Weiße Mohntorte

1) Margarine, Öl, Stevia, Vanillepulver, Nelkenpulver, Zimtpulver, Zitronenschale und Rum glatt rühren.

2) Mehl, Mohn, Mandeln, Backpulver und Johannisbrotkernmehl vermengen und mit der Teigmasse vermischen. Anschließend Sojacreme und Sojamilch unterrühren, bis ein glatter Teig entsteht.

3) Teig in die Form füllen und im vorgeheizten Backofen bei 180 Grad ca. 55 Minuten backen. Auskühlen lassen, mit Marmelade bestreichen und mit Kokosraspeln bestreuen.

Zutaten:

80 g Pflanzenmargarine
1 EL Mohnöl oder neutrales Öl
5–6 TL Stevia-Granulat
1 TL Bourbon-Vanillepulver
1 Msp. Nelkenpulver
1 TL Zimtpulver
Schale von ½ Zitrone
1 EL Rum
170 g Vollkorn-Kamutmehl oder
   Vollkorn-Dinkelmehl
150 g gemahlener weißer Mohn
50 g gemahlene Mandeln
1 Pkg. Weinsteinbackpulver
1 EL (8 g) Johannisbrotkernmehl
80 g Soja- oder Hafercreme
250 ml Soja- oder Hafermilch
Marmelade, mit Stevia gesüßt,
   zum Bestreichen
Kokosraspeln zum Bestreuen

Backofen auf 180 Grad
   vorheizen.

Stücke	12
Vorbereitung	15 Minuten
Backzeit	ca. 55 Minuten
Form	Tortenspringform, Ø 22 cm
Pro Stück	ca. 202 kcal

 Ohne Ei  Milchfrei   Vegan

Zwetschkenfleck

Zutaten:

350 g Zwetschken (Pflaumen)

2 EL Rum

1 TL Zimtpulver

90 g Butter

5 TL Stevia-Granulat

150 g Soja- oder Hafercreme

260 g Vollkorn-Einkornmehl
   oder Vollkorn-Dinkelmehl

1 Pkg. Weinsteinbackpulver

1 EL (8 g) Johannisbrotkernmehl

50 ml Mineralwasser

Backofen auf 180 Grad
   vorheizen.

1) Zwetschken (Pflaumen) waschen, entkernen und vierteln. Mit Rum und ½ TL Zimtpulver vermischen und 1 Stunde ziehen lassen. Butter, restliches Zimtpulver und Stevia glatt rühren und Sojacreme unterrühren.

2) Mehl, Backpulver und Johannisbrotkernmehl vermengen und mit der Buttermasse vermischen. Anschließend Mineralwasser hinzufügen, bis ein glatter Teig entsteht.

3) In die Form füllen, Zwetschken (Pflaumen) auf der Oberfläche verteilen und leicht andrücken. Im vorgeheizten Backofen bei 180 Grad ca. 45 Minuten backen.

Stücke	12
Vorbereitung	15 Minuten
Backzeit	ca. 45 Minuten
Form	Tortenform, Ø 24 cm
Pro Stück	ca. 155 kcal

Ohne Ei   Milchfrei   Vegan

Desserts & Eis

Ziegenkäse-Mousse mit Fruchtspiegel

Zutaten:

- 150 g Sojasahne
- 130 g Ziegenkäse
- 1 TL Bourbon-Vanillepulver
- 1–2 TL Stevia-Granulat
- Schale von ½ Zitrone
- 1 ½ Blatt Gelatine
- 4–5 Stk. Marillen (Aprikosen) oder Marillenmarmelade (Aprikosenmarmelade), mit Stevia gesüßt und mit etwas Wasser verdünnt
- 100 g Himbeeren zum Belegen

1) Sojasahne schlagen und auf die Seite stellen. Ziegenkäse, Vanillepulver, Stevia und Zitronenschale glatt rühren und mit Sojasahne vermengen.

2) Gelatine in kaltem Wasser einweichen, ausdrücken und in einen Topf geben. Auf kleiner Stufe erwärmen, bis sie vollständig aufgelöst ist. Mit einem Handmixer in der Creme gleichmäßig verteilen. In Glasschalen füllen und im Kühlschrank 3 bis 4 Stunden fest werden lassen.

3) Marillen (Aprikosen) entkernen und vierteln, in etwas Wasser weich kochen. Mit 1 TL Stevia süßen. Anschließend pürieren und auskühlen lassen.

4) Fruchtsoße vor dem Anrichten über die Mousse gießen und mit frischen Himbeeren belegen. Kühl aufbewahren.

TIPP: Mit diesem Dessert können Sie Ihre Gäste immer wieder aufs Neue überraschen. Es kann auch am Vortag zubereitet werden.

Portionen 3
Vorbereitung ...... 15 Minuten
Formen .... Glasschalen
Ruhezeit .... 3–4 Stunden
Pro Portion .... ca. 220 kcal

Ohne Ei   Milchfrei   Vegan

Erdbeerpolenta mit Vanillesoße im Glas

Zutaten:

200 g pürierte Erdbeeren

450 ml Wasser

2–3 TL Stevia-Granulat

90 g feine Polenta (Maisgrieß)

150 g in Scheiben geschnittene Erdbeeren

300 g Soja-Vanille-Dessert (oder dickflüssigen Vanillepudding, mit 150 ml mehr Sojamilch zubereitet)

5 Stück halbierte Erdbeeren zum Belegen

1) Erdbeeren pürieren. Wasser in einen Topf geben, mit Stevia vermischen und aufkochen. Polenta (Maisgrieß) hinzufügen und 2 bis 3 Minuten köcheln lassen. Vom Herd nehmen und auskühlen lassen. Anschließend Erdbeeren mit Polenta (Maisgrieß) glatt rühren.

2) Abwechselnd Polenta (Maisgrieß), in Scheiben geschnittene Erdbeeren und Vanillesoße in Gläser schichten. Mit Erdbeeren belegen und im Kühlschrank aufbewahren.

TIPP: Das fertige Soja-Vanille-Dessert schmeckt leicht und hat wenig Kalorien, außerdem benötigt man für die Zubereitung der Erdbeerpolenta somit weniger Zeit.

Portionen .... 5 ....

Vorbereitung .... 15 Minuten ....

Form .... Glas, Ø 8 cm, oder Dessertschale

Pro Portion .... ca. 139 kcal ....

 Ohne Ei  Milchfrei   Vegan

Orangen-Mousse

1) Sojasahne schlagen und zur Seite stellen. Topfen (Quark), Stevia und Orangenschale glatt rühren. Anschließend Sojacreme, Orangensaft und Grand Marnier vorsichtig untermischen und mit Sojasahne vermengen.

2) Gelatine in kaltem Wasser einweichen, ausdrücken und in einen Topf geben. Auf kleiner Stufe erwärmen, bis sie vollständig aufgelöst ist. Mit dem Handmixer in der Creme gleichmäßig verteilen. Creme in Glasschalen füllen und 3 bis 4 Stunden im Kühlschrank fest werden lassen.

3) Nach einer Stunde die Glasschalen kurz aus dem Kühlschrank nehmen, da die Creme schon leicht fest geworden ist. Mandarinenspalten halbieren und die Mandarinen auf der Creme verteilen. Sofort wieder in den Kühlschrank stellen.

Zutaten:

100 g Sojasahne
170 g Magertopfen
   (Magerquark)
1 ½–2 TL Stevia-Granulat
Orangenschale und Saft
   von 1 Orange
60 g Sojacreme
1 EL Grand Marnier
   (Orangenlikör)
2 Blatt Gelatine
1 Mandarine oder Orange

Portionen............4
Vorbereitung.......10 Minuten
Formen.................Glasschalen
Ruhezeit...............3–4 Stunden
Pro Portion..........ca. 110 kcal

Ohne Ei   Milchfrei   Vegan

Kokos-Mango-Dessert

Zutaten:

1 reife Mango (ca. 500 g)
150 g Sojasahne
250 g Magertopfen
    (Magerquark)
80 g Kokosmus
Schale von ½ Zitrone
2–3 TL Stevia-Granulat
2 EL Kokosraspeln
gehackte Pistazien zum
    Bestreuen

1) Mango schälen, vom Kern lösen und pürieren. Sojasahne schlagen und beides zur Seite stellen.

2) Topfen (Quark), Kokosmus, Zitronenschale und Stevia glatt rühren. 120 g pürierte Mango hinzufügen und vermischen (restliche Mango zugedeckt in den Kühlschrank stellen). Zum Schluss Kokosraspeln untermischen und mit Sojasahne vermengen.

3) In Dessertschalen füllen und 1 Stunde in den Kühlschrank stellen. Vor dem Anrichten pürierte Mango gleichmäßig über das Dessert verteilen und mit Pistazien bestreuen.

Tipp: Sie können nach Belieben das Dessert auch mit einem Löffel auf einen Teller portionieren und mit Mangosoße servieren.

Portionen   6
Vorbereitung   20 Minuten
Form: Dessertschalen
Ruhezeit   1 Stunde
Pro Portion   ca. 190 kcal

Ohne Ei   Milchfrei   Vegan

Schokolade-Orangen-Tiramisu

Zutaten:

300 g Sojasahne

40 g Stevia- oder Bitterschokolade

300 g ungesüßten, kalten und festen Vanillepudding (entspricht 1 Pkg. Vanille-puddingpulver mit ca. 330 ml Magermilch zubereitet)

250 g Magertopfen (Magerquark)

2–3 TL Stevia-Granulat

½ TL Bourbon-Vanillepulver

1 ½ EL Kakao

Schale von 1 Orange oder 8–10 Tropfen Orangenöl

1 Pkg. Vollkorn-Biskotten (40 Stk.)

Saft von 1 Orange, ca. 20 ml Wasser, ½ TL Stevia-Granulat zum Tunken

1–1 ½ Mandarinen zum Dekorieren

Schokoraspeln zum Bestreuen

1) Sojasahne schlagen und auf die Seite stellen. Schokolade im Wasserbad erwärmen, bis sie flüssig ist, leicht auskühlen lassen.

2) Pudding, Topfen (Quark), Stevia, Vanillepulver, Kakao und Orangenschale glatt rühren, anschließend flüssige Schokolade unterrühren. Mit der Sojasahne vermengen und 20 bis 30 Minuten in den Kühlschrank stellen.

3) Orangensaft, Wasser und Stevia vermischen, Biskotten kurz tunken, in die Form legen und die Hälfte der Creme aufstreichen. Vorgang wiederholen und mit Creme abschließen (2 x Biskotten, 2 x Creme).

4) Mandarinenspalten halbieren und das Tiramisu damit belegen. Anschließend mit geriebener Schokolade bestreuen und mindestens 6 Stunden kalt stellen.
Am besten am Vortag zubereiten.

TIPP: Anstelle von Vanillepudding kann auch Vanille Qimiq verwendet werden. Achtung: Die Kalorien erhöhen sich dann auf ca. 187 kcal. Sie können auch Schokopudding verwenden, das Tiramisu ist dann etwas herber im Geschmack.

Portionen 12

Vorbereitung 30 Minuten

Ruhezeit ca. 6 Stunden

Form Springform, 24 x 24 cm

Pro Portion ca. 157 kcal

Schokolade-Reis-Pudding

1) Reismilch mit Vanillepulver, Stevia, Kakao und Rum aufkochen. Reismehl unter ständigem Rühren einfließen lassen. Auf kleiner Stufe 3 bis 5 Minuten köcheln lassen und zwischendurch umrühren.

2) Reismilch vom Herd nehmen und Margarine untermischen. In Puddingformen füllen, auskühlen lassen und stürzen.

TIPP: Mit Bananen belegen und mit flüssiger Schokolade beträufeln. Wer es gern fruchtiger mag, richtet den Pudding mit einer Fruchtsoße an.

Zutaten:

400 ml Reismilch oder
  Sojamilch
1 TL Bourbon-Vanillepulver
2 TL Stevia-Granulat
1 ½ EL Kakao
1 EL Rum
60 g Vollkorn-Reismehl
1 TL Margarine oder Kokosöl

Portionen 4
Vorbereitung ...... 10 Minuten
Form .... Puddingform, Ø 7 cm
Pro Portion .... ca. 112 kcal

Ohne Ei   Milchfrei   Vegan

Marillensülzchen

1) Marillen (Aprikosen) waschen, entkernen, vierteln und im Wasser weich kochen (Früchte nicht ganz zerfallen lassen). Stevia, Zitronensaft, Vanillepulver und Likör untermischen.

2) Anschließend Agar-Agar hinzufügen und 2 bis 3 Minuten leicht kochen. Vom Herd nehmen, in Förmchen füllen, auskühlen lassen und ca. 2 Stunden in den Kühlschrank stellen. Vor dem Anrichten stürzen.

TIPP: Mit frischen Früchten, mit Vanilleeis oder Sojasahne anrichten.

Zutaten:

500 g Marillen (Aprikosen)
150 ml Wasser
3 TL Stevia-Granulat
1 TL Zitronensaft
½ TL Bourbon-Vanillepulver
3 EL Marillenlikör
   (Aprikosenlikör)
1 TL Agar-Agar

Portionen	4
Vorbereitung	15 Minuten
Form	Porzellan- oder Puddingformen, Ø 7,5 cm
Ruhezeit	1–2 Stunden
Pro Portion	ca. 73 kcal

 Ohne Ei  Milchfrei   Vegan

Haferflockentörtchen mit Schokoguss

Zutaten:

280 ml Hafermilch

2 TL Stevia-Granulat

100 g ungesüßte Vollkorn-Haferflocken

1 TL Bourbon-Vanillepulver

Zitronenschale

30 g Bitterkuvertüre oder Stevia-Schokolade

10 g Kokosfett

Kokosflocken oder Pinienkerne zum Bestreuen

1) Hafermilch, Stevia und Haferflocken in einen Topf geben und auf kleiner Stufe 10 bis 15 Minuten quellen lassen. Anschließend Vanillepulver und Zitronenschale untermischen und 2 bis 3 Stunden auskühlen.

2) Formen mit kaltem Wasser spülen, Haferflockenmasse in Formen füllen und glatt streichen. Anschließend Backpapier auf Arbeitsfläche auslegen und die Törtchen darauf stürzen.

3) Schokolade und Kokosfett im Wasserbad erwärmen, bis sie flüssig sind, leicht auskühlen lassen und über die Törtchen gießen. Mit Kokosflocken oder Pinienkernen bestreuen und im Kühlschrank aufbewahren.

TIPP: Probieren Sie anstelle der Haferflocken gekochten Vollkornreis.

Stücke..........4

Vorbereitung......15 Minuten

Ruhezeit........2–3 Stunden

Form...........Dessertförmchen, Ø 7 cm

Pro Portion.......ca. 179 kcal

(Ohne Ei)   (Milchfrei)   (Vegan)

Somlauer Nockerln

Boden:

1) Rosinen in Rum ca. 2 Stunden marinieren.

2) Eier trennen. Eiweiß zu Schnee schlagen und zur Seite stellen. Butter, Öl, Stevia, Vanillepulver und Rum glatt rühren. Zum Schluss Sojacreme unterrühren.

3) Mehl, Mandeln und Backpulver vermengen und mit der Masse vermischen. Eine Hälfte der Teigmasse in eine Schüssel geben und den Kakao untermischen. Das steif geschlagene Eiweiß in beiden Teigmassen gleichmäßig verteilen und unterheben.

4) Zuerst die dunkle Teigmasse und dann die helle Masse in die Form füllen. Im vorgeheizten Backofen bei 180 Grad ca. 35 Minuten backen und vollständig auskühlen lassen.

Creme:

1) Sojasahne schlagen und zur Seite stellen. Pudding und Stevia glatt rühren, mit der Sojasahne vermischen.

2) Die Hälfte vom Kuchen in Stücke schneiden und in eine Auflaufform legen. Die Hälfte der Rosinen über den Kuchen verteilen und mit der Hälfte vom Rum beträufeln. Anschließend zwei Drittel der Creme aufstreichen. Vorgang wiederholen und mit der Creme abschließen (2 x Kuchen, 2 x Creme). Zum Schluss mit Kakao bestreuen und 7 bis 8 Stunden kühl stellen. Am besten schon am Vortag vorbereiten.

TIPP: Nach Bedarf mit flüssiger Schokolade dekorative Fäden ziehen und mit gehobelten Mandeln bestreuen. Wenn Sie mehr Rumgeschmack mögen, die Rummenge verdoppeln.

Boden:

30 g Rosinen und 50 g Rum zum Marinieren
2 große Eier
70 g Butter
2 EL Nussöl oder neutrales Öl
4 TL Stevia-Granulat
½ TL Bourbon-Vanillepulver
3 EL Rum
70 g Sojacreme
80 g Vollkorn-Dinkelmehl
150 g gemahlene Mandeln oder Nüsse
1 Pkg. Weinsteinbackpulver
1 ½ EL Kakao

Creme:

300 g Sojasahne
500 g fester, kalter Vanillepudding (entspricht 1 Pkg. Vanillepuddingpulver mit 1 TL Stevia gesüßt)
2–3 TL Stevia-Granulat
Kakao zum Bestreuen

Backofen auf 180 Grad vorheizen.

Portionen	8
Vorbereitung	30 Minuten (plus 2 Std. zum Marinieren oder Rosinen am Vortag marinieren)
Ruhezeit	7–8 Stunden
Backzeit	ca. 35 Minuten
Form	Kuchen: Kastenform, 24 cm
	Nockerln: Auflaufform, 24 x 20 cm
Pro Portion	ca. 388 kcal

Vanilleeis

Zutaten:

80 g Pflanzenmargarine oder
   Butter
30 ml Öl
200 g Sojasahne
500 g Soja-Vanille-Dessert
1 TL Bourbon-Vanillepulver
3 TL Stevia-Granulat

1) Margarine erwärmen, bis sie flüssig ist. Mit Öl vermischen. Sojasahne schlagen und beides zur Seite stellen.

2) Soja-Vanille-Dessert, Vanillepulver und Stevia glatt rühren und mit flüssiger Margarine mischen. Anschließend Sojasahne unterheben und in das Tiefkühlfach stellen.

3) Nach 4 bis 5 Stunden ist das Eis cremig und lässt sich mit einem Eislöffel portionieren. Oder Sie servieren das Eis am nächsten Tag: ca. 20 Minuten vor dem Anrichten aus dem Tiefkühlfach nehmen und in Scheiben schneiden.

Stücke............14
Vorbereitung......15 Minuten
Form.................Kastenform, 24 cm
Pro Stück.............ca. 111 kcal

 Ohne Ei  Milchfrei   Vegan

Mandeleis

Zutaten:

300 g Sojasahne

90 g dunkles Mandelmus

3–4 TL Stevia-Granulat

30 g Mandelöl

4–6 Tropfen
   Bittermandelextrakt

1 TL Bourbon-Vanillepulver

70 g Mandel- oder Sojacreme

30 g gemahlene Mandeln

1) Sojasahne schlagen und auf die Seite stellen. Mandelmus, Stevia, Mandelöl, Bittermandelextrakt und Vanillepulver glatt rühren. Anschließend Mandel- oder Sojacreme unterrühren und mit Sojasahne vermengen. Zum Schluss mit gemahlenen Mandeln vermischen.

2) In die Form füllen und 10 bis 12 Stunden in das Tiefkühlfach stellen. 20 Minuten vor dem Anschneiden aus dem Tiefkühlfach nehmen.

TIPP: In Schnitten schneiden, mit flüssiger Schokolade beträufeln und mit gehobelten Mandeln bestreuen.

Stücke............14
Vorbereitung......10 Minuten
Form...........Kastenform, 24 cm
Ruhezeit.........10–12 Stunden
Pro Stück.........ca. 112 kcal

(Ohne Ei)   (Milchfrei)   (Vegan)

Joghurt-Erdbeer-Kaltschale

1) Sojasahne schlagen und zur Seite stellen. Joghurt, Stevia und Zitronenschale verrühren, Erdbeeren würfeln und untermischen.

2) Anschließend Sojasahne unter die Joghurtmasse heben und in Dessertschalen füllen. 2 Stunden in den Kühlschrank stellen und vor dem Anrichten mit Erdbeeren und Minze dekorieren.

Zutaten

200 g Sojasahne
300 g Creme-Joghurt
2–3 TL Stevia-Granulat
Schale von ¼ Zitrone
10 Stück Erdbeeren
Erdbeeren und Minze
    zum Dekorieren

Portionen:............4
Vorbereitung:........10 Minuten
Form:.................Dessertschalen oder Gläser
Pro Portion:.........ca. 125 kcal

 Ohne Ei    Milchfrei   Vegan

Süße Haupt-speisen

Hirse-Kokos-Auflauf

Zutaten:

200 g Hirse
500 ml Wasser
2 große Eier
70 g Kokosmus oder
  normale Butter
1 EL Öl
4 TL Stevia-Granulat
½ TL Bourbon-Vanillepulver
Zitronenschale von ½ Zitrone
150 g Sojajoghurt
30 g Kokosraspeln
Kokosraspeln zum Bestreuen

Backofen auf 200 Grad
  vorheizen.

1) Hirse in Wasser 25 bis 30 Minuten auf kleiner Stufe weich kochen und leicht auskühlen lassen. Eier trennen. Eiweiß zu Schnee schlagen und zur Seite stellen.

2) Kokosmus, Eigelb, Öl, Stevia, Vanillepulver und Zitronenschale glatt rühren. Langsam Sojajoghurt und Kokosraspeln unterrühren. Zum Schluss mit der Hirse vermischen und das steif geschlagene Eiweiß unterheben.

3) In eine befettete Form füllen, mit Kokosraspeln bestreuen und im vorgeheizten Backofen bei Ober- und Unterhitze bei 200 Grad ca. 20 Minuten backen.

TIPP: Mit Kompott nach Wahl anrichten. Sie können den Auflauf auch mit einer runden Form in kleine Portionen ausstechen und ihn mit einer Fruchtsoße servieren. Er eignet sich dann auch als Dessert.

Portionen 6
Vorbereitung ...... 30 Minuten
Backzeit .... ca. 30 Minuten
Form .... Auflaufform, 24 x 18 cm
Pro Portion .... ca. 275 kcal

Ohne Ei   Milchfrei   Vegan

Grießschmarren

Zutaten:

600 ml Magermilch

1–2 TL Stevia-Granulat

1 TL Zimtpulver

1 TL Bourbon-Vanillepulver

Schale von ½ Zitrone

140 g Vollkorn-Kamutgrieß oder
  Vollkorn-Dinkelgrieß

20 g Rosinen

Haselnussöl oder Butter für die
  Form

1 EL gehackte Haselnüsse

Zimt und Kokosraspeln zum
  Bestreuen

Backofen auf 200 Grad
  vorheizen.

1) Milch, Stevia, Zimtpulver, Vanillepulver und Zitronenschale in einem Topf aufkochen und Grieß langsam einrieseln lassen. Auf kleiner Stufe 2 bis 3 Minuten köcheln. Vom Herd nehmen, Rosinen untermischen und leicht auskühlen lassen.

2) Form mit Öl oder Butter ausstreichen, Grießmasse in kleine Portionen teilen und in die Form legen. Mit Haselnüssen bestreuen und im vorgeheizten Backofen bei 200 Grad mit Ober- und Unterhitze 40 bis 45 Minuten backen. Zwischendurch wenden und vor dem Anrichten mit Zimt und Kokosraspeln bestreuen.

TIPP: Mit Kompott nach Wahl oder mit Apfelmus anrichten.

Portionen 3

Vorbereitung ...... 25 Minuten

Backzeit .... 40–45 Minuten

Form .... Auflaufform, 22 x 18 cm

Pro Portion .... ca. 285 kcal

Ohne Ei   Milchfrei   Vegan

Apfelstrudel nach Großmutters Art

Strudelteig:

1) Alle Zutaten zu einem glatten Teig verkneten (mit der Küchenmaschine ca. 20 Minuten kneten lassen). Anschließend den Teig mit Mehl bestauben und 45 Minuten zugedeckt ruhen lassen. Der Teig soll leicht zäh sein.

2) Teig auf eine bemehlte Unterlage legen (am besten eignet sich eine Silikonunterlage). In zwei Hälften teilen, mit der Hand durchkneten und vorsichtig auswalken. Mit Vollkornmehl wird der Teig etwas fester. (Sollte der Teig zu feucht sein, Mehl dazugeben.)

Fülle:

1) Äpfel schälen, hobeln oder grob raspeln. Mit Zimt, Vanillepulver, Nelkenpulver, Stevia, Zitronensaft und -schale vermischen und auf die Seite stellen.

2) Brösel in einer Pfanne ohne Fett erwärmen, kurz anrösten und auskühlen lassen. Brösel gleichmäßig auf dem Teig verteilen und mit der Apfelmischung belegen. Mit der Silikonunterlage vorsichtig einrollen und seitlich ca. 3 cm der Teigränder einschlagen. Mit Öl bestreichen, auf das Backblech legen und im vorgeheizten Backofen bei 200 Grad 25 bis 30 Minuten backen.

TIPP: Nach Bedarf den fertigen Apfelstrudel, wenn er aus dem Backofen kommt, mit flüssiger Margarine (Butter) bestreichen.

Strudelteig:

300 g Vollkorn-Weizenmehl
  (oder alternativ: 2 Stk.
  Vollkorn-Blätterteig,
  vakuumverpackt)
2 TL Stevia-Granulat
100 ml lauwarmes Wasser
80 ml lauwarme Sojamilch
  (Milch)
1 TL Essig
3 EL Öl
1 EL Öl zum Bestreichen

Fülle:

1,3 kg Äpfel
1 TL Zimtpulver
1 TL Bourbon-Vanillepulver
1 Msp. Nelkenpulver
1–2 TL Stevia-Granulat
Schale und Saft von 1 Zitrone
80 g Vollkorn-Brösel

Backofen auf 200 Grad
  vorheizen.

Stücke	14 Stücke – 2 Strudel
Vorbereitung	35 Minuten
Ruhezeit	45 Minuten
Backzeit	25–30 Minuten
Pro Stück	ca. 153 kcal

 Ohne Ei  Milchfrei   Vegan

Mohnsoufflé

1) Eier trennen. Eiweiß zu Schnee schlagen und auf die Seite stellen. Margarine, Öl, Stevia, Vanillepulver und Rum glatt rühren. Langsam Eigelb und Sojajoghurt unterrühren.

2) Mohn, Brösel und Backpulver vermengen, mit der Masse vermischen und das steif geschlagene Eiweiß unterheben. Formen mit Margarine bestreichen und mit Bröseln bestreuen. Teigmasse in die Formen füllen und im vorgeheizten Backofen bei 180 Grad 25 bis 30 Minuten backen.

TIPP: Drücken Sie ein Stück Schokolade oder gekochtes Obst (Birne, Zwetschke oder Kirsche) vor dem Backen in die Törtchen. Mit Zwetschkenröster oder Kompott anrichten.

Zutaten:

3 Eier

70 g Pflanzenmargarine
  oder Butter

2 EL Mohnöl oder neutrales Öl

4 TL Stevia-Granulat

½ TL Bourbon-Vanillepulver

2 EL Rum

50 g Sojajoghurt oder Joghurt

200 g gemahlener Mohn

40 g Vollkorn-Brösel

1 EL Weinsteinbackpulver

Margarine und Brösel für die
  Form

Backofen auf 180 Grad
  vorheizen.

Portionen 7
Vorbereitung .... 20 Minuten
Backzeit .... 25–30 Minuten
Form .... Porzellanformen, Ø 8 cm
Pro Portion .... ca. 287 kcal

Ohne Ei    Milchfrei   Vegan

Reistorte mit frischen Himbeeren

Zutaten:

200 g gekochten Vollkorn-Reis
4 TL Stevia-Granulat
2 Eier
100 g Magertopfen
   (Magerquark)
1 TL Bourbon-Vanillepulver
Schale von ½ Zitrone
20 g Kokosraspeln
40 g gemahlene Mandeln
130 g frische Himbeeren

Backofen auf 180 Grad
   vorheizen.

1) Reis ca. 1 Stunde mit der doppelten Menge Wasser und 2 TL Stevia weich kochen und leicht auskühlen lassen. Eier trennen und Eiweiß zu Schnee schlagen.

2) Eigelb, Topfen (Quark), Vanillepulver, Zitronenschale und 2 TL Stevia glatt rühren. Kokosraspeln und Mandeln vermengen und mit der Eigelbmasse vermischen. Anschließend gekochten Reis untermischen und das steif geschlagene Eiweiß unterheben.

3) In die Form füllen, mit Himbeeren belegen und im vorgeheizten Backofen bei 180 Grad 40 bis 45 Minuten backen.

Stücke................12................
Vorbereitung.......10 Minuten (plus 1 Stunde zum Reiskochen;
Tipp: Man kann auch kalten Reis vom Vortag verwenden)......
Backzeit.............40 bis 45 Minuten.................
Form...................Porzellanform, Ø 24 cm.................
Pro Stück.............ca. 110 kcal.................

Scheiterhaufen

1) Milch, Eier, Stevia und Vanillepulver versprudeln. Form dünn mit Butter bestreichen und Semmeln in ca. 1 cm dünne Scheiben schneiden. Äpfel schälen, hobeln oder grob raspeln und mit Zimt, Zitronensaft und -schale vermischen.

2) Semmeln in die Eimasse tunken, in die Form legen und mit halber Apfelmischung belegen. Vorgang wiederholen und mit Äpfeln abschließen. Restliche Eimasse über den Auflauf gießen und mit gehackten Haselnüssen bestreuen. Im vorgeheizten Backofen bei 180 Grad 30 bis 35 Minuten backen.

TIPP: Erkaltet ist der Scheiterhaufen schnittfest und 3 bis 4 Tage im Kühlschrank haltbar.

Zutaten:

270 ml Magermilch
2 große Eier
1–2 TL Stevia-Granulat
½ TL Bourbon-Vanillepulver
Butter für die Form
3 Vollkorn-Semmeln
 (am besten vom Vortag)
700 g Äpfel
1 TL Zimtpulver
Saft und Schale von ½ Zitrone
gehackte Haselnüsse zum
 Bestreuen

Backofen auf 180 Grad
 vorheizen.

Portionen	6
Vorbereitung	30 Minuten
Backzeit	30–35 Minuten
Form	Auflaufform, 20 x 24 cm
Pro Stück	ca. 178 kcal

Topfenknödel

1) Topfen (Quark) mit Küchenpapier trocken tupfen. Topfen (Quark), Mehl, Eier, Zitronenschale und Stevia verrühren, bis ein glatter Teig entsteht. 2 bis 3 Stunden in den Kühlschrank stellen. Gleichmäßige Knödel formen, in leicht kochendes Wasser geben und schwach wallend 8 bis 10 Minuten kochen lassen.

2) Brösel (nach Bedarf mit ½ TL Stevia süßen und vermischen) ohne Fett in einem Topf leicht anrösten. Anschließend Zimt untermischen und Knödel in der Bröselmischung wälzen.

TIPP: Mit Apfelmus oder Kompott anrichten.

Zutaten:

250 g Topfen (Quark), 10 %
    (je 125 g Bröseltopfen und
    125 g fein passierten Topfen)
80 g Vollkorn-Hartweizenmehl
2 Eier
Schale von ½ Zitrone
1–2 TL Stevia-Granulat
40 g Vollkorn-Brösel zum
    Wälzen
1 TL Zimtpulver

Stücke	10
Vorbereitung	10 Minuten
Ruhezeit	2–3 Stunden
Kochzeit	8–10 Minuten
Pro Stück	ca. 72 kcal

Kaiserschmarren

1) Eier trennen. Eiweiß zu Schnee schlagen und zur Seite stellen. Mehl, Stevia, Zimtpulver und Zitronenschale vermengen.

2) Anschließend Milch und Eigelb untermischen und mit dem Mixgerät kurz zu einem zähflüssigen Teig rühren. Zum Schluss das steif geschlagene Eiweiß unterheben.

3) Öl in einer Pfanne erhitzen, den Teig fingerdick auf beiden Seiten langsam backen und in kleine Stücke teilen. Mit Zimt bestreuen.

TIPP: Mit Kompott nach Wahl oder Zwetschkenröster servieren. Je nach Geschmack können auch Rosinen in den Teig gemischt werden.

Zutaten:

3 Eier
210 g Vollkorn-Kamutmehl oder Vollkorn-Dinkelmehl
2 TL Stevia-Granulat
1 TL Zimtpulver
Schale von ½ Zitrone
240 ml Magermilch
Öl zum Backen (ca. 30 ml)

Portionen............3
Vorbereitung........10 Minuten
Pro Portionen.......ca. 313 kcal

Topfen-Kirschen-Auflauf

Zutaten:

150 g ungesüßter Vollkorn-
   Dinkelzwieback
200 ml Kirschsaft (von den
   eingelegten Kirschen
   verwenden)
2 Eier
250 g Topfen (Quark), 10 %
Schale von ½ Zitrone
2–3 TL Stevia-Granulat
1 TL Bourbon-Vanillepulver
1 TL Zimtpulver
200 g eingelegte Kirschen
8 Stk. Kirschen zum Belegen
1 EL Mandelsplitter zum
   Bestreuen

Backofen auf 200 Grad
   vorheizen.

1) Zwieback grob zerkleinern, mit Kirschsaft übergießen und auf die Seite stellen. Eier trennen und Eiweiß zu Schnee schlagen.

2) Topfen (Quark), Eigelb, Zitronenschale, Stevia, Vanille und Zimt glatt rühren und mit Zwieback vermengen. Anschließend Kirschen untermischen und das steif geschlagene Eiweiß unterheben.

3) In die befettete Form füllen, mit Kirschen belegen und Mandelsplitter bestreuen. Im vorgeheizten Backofen bei 200 Grad 30 bis 35 Minuten backen.

Portionen .... 6.
Vorbereitung ...... 20 Minuten
Backzeit .... 30–35 Minuten
Form .... Auflaufform, 24 x 18 cm
Pro Portion .... ca. 185 kcal

Gina Martin-Williams

Das Stevia-Backbuch

Natürlich süßen & schlank bleiben

128 Seiten, farbig, Hardcover
ISBN 978-3-7088-0494-1
EUR 17,95

Gina Martin-Williams

Das Stevia-Weihnachtsbackbuch

Natürlich süßen und schlank bleiben

96 Seiten, farbig, Hardcover
ISBN 978-3-7088-0571-9
EUR 14,99

www.kneippverlag.com

Stevia Guide

Das natürlich süße Magazin

Guide

www.SteviaGuide.eu

Was ist Stevia?

Ist Stevia natürlich?

Wie wird Stevia hergestell

News, Rezepte, Wissen, Produkte, et

INFO-MAGAZIN

f facebook.com/SteviaGuid